# Kurzprosa:

## *Kreatives Schreiben und Textverstehen*

Herausgegeben von
Dietrich Erlach und Bernd Schurf

Erarbeitet von Gerd Brenner

# Inhalt

# A  Einstieg: Lebensläufe

## 1  Warum schreiben?

Nach sechs, sieben Jahren Schule mag mancher glauben, das Schreiben sei eine typisch schulische Angelegenheit. Dieser Eindruck ist falsch. In der Informationsgesellschaft, in der wir leben, ist Schreiben in vielen Berufen wichtiger denn je. Gerade in interessanten Arbeitsfeldern benötigt man heute eine hohe Schreibkompetenz.

### ARBEITSANREGUNGEN

1. In den nächsten Jahren werden Sie sich für einen **Berufsweg** entscheiden. Notieren Sie drei Berufe, über die Sie bereits einmal nachgedacht haben.
2. In der nachfolgenden Übersicht finden Sie links eine Reihe von **Textsorten**, die in verschiedenen Berufen, aber auch in der Freizeit eine Rolle spielen. In der rechten Spalte sehen Sie, wie Sie in der Schule für diese Aufgaben trainiert werden. Wählen Sie in der linken Spalte die Textsorten aus, die Sie in den oben genannten Berufen und auf dem Weg zu diesen Berufen vermutlich schreiben werden.

- Texte für Zeitungen, Zeitschriften, Rundfunk und Medien (unter eigenem Namen oder als Ghostwriter für Autoren, Fernsehgrößen, Politiker etc.)
- Skript für Fernseh-, Rundfunk- oder sonstige Moderationen (Multimediabereich)
- Drehbuch/Filmskript für Fernsehserien, audiovisuelle Medien, Filmproduzenten etc.
- Kabarett-Text
- Texte für Brauchtumsauftritte (Karneval etc.)
- Lustige Texte für Geburtstagsfeiern etc.
- Private Textformen (Brief, Tagebuch etc.)
- Texte der Werbebranche (Anzeigentexte, Slogans für Produktwerbung oder politische Parteien etc.)
- Gestaltung von Internet-Seiten (Websites oder Homepages für Firmen, Verbände oder andere Organisationen etc.)
- Redemanuskript für Präsentationen als Abteilungs-, Behörden-, Schulleiter, Lokalpolitiker etc.
- Lyrik
- Songtext
- Drama
- Roman, Erzählung, Kurzgeschichte etc.

→ Kreatives Schreiben

- Gutachten im Kulturbereich (z. B. als Lektor für Verlage)
- Rezensionen von Büchern, Filmen, Musik in Zeitung, Funk, Fernsehen etc.
- Texte zur wissenschaftlichen, journalistischen oder schulischen Vermittlung von Literatur, Kunst, Architektur, Musik usw.

→ Interpretationen

- Schulungsunterlagen für Unternehmen, Behörden etc. (nachvollziehbar und in gut verständlichem Deutsch)
- Sachbuch (anschauliche Darstellung schwieriger Inhalte)
- Wissenschaftliche Texte (Referate, Hausarbeiten, Forschungsberichte etc.)
- Gebrauchstexte wie Beipackzettel, Programmbeschreibungen, Gebrauchsanweisungen, Internet-Seiten etc. (schreiben oder redigieren/gut lesbar machen)
- Technische Dokumentation (Beschreibung von Produktions- prozesse, Bedienungsanleitungen in allen größeren Unternehmen)
- Magazin- und Zeitungstexte

→ 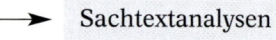 Sachtextanalysen

- Kommentare in Fernsehen, Rundfunk, Presse
- Textformen des gesellschaftlichen Meinungsaustausches (Stellungnahmen, Leserbriefe etc. in Politik, Verbänden o. Ä.)
- Textformen des wissenschaftlichen Diskurses (wissenschaft- licher Vortrag, Fachaufsatz, Diplomarbeit, Dissertation etc.)
- Vorlagen und Statements für Konferenzen in Unternehmen, Behörden etc.
- Gutachten im wirtschaftlichen, juristischen, sozialwissen- schaftlichen oder medizinischen Bereich etc.

→ 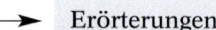 Erörterungen

3. Ihr Leben wird nicht nur aus beruflicher Arbeit bestehen. Schreiben Sie die Textsorten heraus, die außerhalb Ihres Berufes vielleicht einmal eine Rolle für Sie spielen könnten oder die bereits jetzt wichtig für Sie sind.
4. Wo ergeben sich für Sie Schwerpunkte?

Erinnern Sie sich an frühere Schuljahre, als das Schreiben vielen von Ihnen noch richtig Spaß gemacht hat? Auf den folgenden Seiten können Sie Ihre Lust am Schreiben neu entdecken. Es gibt Schreibverfahren, die besonders viel Kreativität freisetzen. Durch die erzählerische Phanta- sie einiger Autorinnen und Autoren angeregt, lernen Sie vielfältige Möglichkeiten kennen, Texte ansprechend zu gestalten. Nebenbei werden Sie auch viele analytische Einsichten gewinnen. So trainieren Sie zweierlei: Literatur zu verstehen und Texte auf so interessante Weise zu schrei- ben, dass Ihre Zuhörerinnen oder Leser gespannt sind auf das, was Sie vortragen oder geschrie- ben haben.

## 2 Biografische Momentaufnahmen

*Benjamin Lebert*
### Crazy (1999)

*Benjamin Lebert, geboren 1982 in Freiburg, lebt seit 1990 in Mün- chen. Er schreibt seit einigen Jahren, gelegentlich sind Texte im Jugendmagazin der Süddeutschen Zeitung erschienen. In seinem autobiografischen Roman „Crazy", erschienen 1999, erzählt er mit Witz und Wärme von den Schwierigkeiten des Erwachsenwerdens.*

Hier soll ich also bleiben. Wenn möglich bis zum Abitur. Das ist der Vorsatz. Ich stehe auf dem Parkplatz des Internats Schloss Neuseelen und schaue mich um. Meine Eltern stehen neben mir. Sie haben mich

*Angekommen*
*Szene aus dem Film „Crazy"*

hierher gebracht. Vier Schulen habe ich nun
5  hinter mir. Und diese hier soll meine fünfte
werden. Diese fünfte soll es dann endlich
schaffen, aus meinem verfluchten Mathema-
tik-Sechser einen Fünfer zu machen. Ich freue
mich schon darauf.
10  Schon im Voraus haben sie Briefe und Er-
mutigungen geschickt. Allesamt nach dem
Motto: *Lieber Benjamin, komm nur zu uns,*
*da wird es schon besser. Viele vor dir haben*
*es auch geschafft.*
15  Natürlich haben sie das. Es sind immer genug
Schüler da, als dass es nicht der ein oder andere doch schaffen würde. Das kenne ich
schon. Bei mir ist es ein bisschen anders. Ich
bin sechzehn Jahre alt und wiederhole gerade
20  die achte Klasse. Und so wie es aussieht,
schaffe ich es schon wieder nicht. Meine
Eltern sind beide angesehene Leute. Heil-
praktikerin und Diplomingenieur. Die können
es sich nicht leisten, eine Feier zum quali-
25  fizierten Hauptschulabschluss zu geben. Das
muss mehr sein. Nun gut. Deswegen bin ich
also hier. Mitten im Schuljahr. Vor den Toren
eines Internats. Meine Mutter reicht mir einen
Brief. Ich soll ihn später dem Internatsleiter
30  geben. Zur genaueren Erklärung meiner Person. Ich nehme einen Koffer und warte auf
meinen Vater. Er steht noch hinten beim Auto
und sucht irgendwas. Ich glaube, ich werde
ihn vermissen. Natürlich haben wir uns auch
35  oft gestritten. Aber nach einem anstrengenden
Schultag war er stets der erste, der mich mit
einem Lächeln empfing. Wir gehen hoch ins
Sekretariat. Von innen ist das Internat fast
noch unfreundlicher als von außen. Unend-

lich viel Holz. Unendlich alt. Unendlich    40
Rokoko oder so. In Kunstgeschichte bin
ich ebenso schwach wie in Mathematik.
Meine Eltern mögen das Gebäude. Sie sagen,
der Klang der Schritte auf dem Holzbelag
sei schön.    45
Was weiß ich schon davon. Im Sekretariat erwartet uns eine dicke Frau. Sie heißt Angelika
Lerch. Pausbacken und mächtig steht sie vor
mir. Ich fürchte mich. Sie schenkt mir ein paar
Aufkleber vom Internat. Überall ist ein Adler    50
abgebildet, der lacht und einen Schulranzen
trägt. Darunter steht in kursiv gedruckter
Schrift: *Internat Neuseelen – der Beginn*
*einer neuen Schulära.*
Ich werde sie meinen Eltern schenken.    55
Sollen sie sie in die Küche pappen oder ...
ach, weiß Gott wohin. Angelika Lerch
reicht mir die Hand und heißt mich im
Schloss willkommen. Sie sei selbst schon
dreißig Jahre hier und habe sich noch nie    60
beklagt. Ich beschließe, darauf nicht zu
antworten. Neben meinen Eltern nehme
ich auf einem rotbraunen Kanapee Platz
und schmiege mich ungewöhnlich nah an
sie heran. So etwas habe ich schon lange    65
nicht mehr gemacht. Doch es tut gut, sie
sind warm, und ich fühle mich beschützt.
Ich nehme die Hand meiner Mutter. Der
Internatsleiter sei gleich persönlich hier,
um mich in Empfang zu nehmen, sagt    70
Frau Lerch. Sie kneift sich dabei die Nasen-
flügel zu. Nun ist es also nicht mehr zu
ändern. Nun sitze ich hier und werde bald
abgeholt. In meinem Verdruss schaue ich
auf den Boden. Doch ich sehe den Boden    75
nicht. Ich sehe ... ach, ist ja eigentlich
auch egal. Knapp fünf Minuten sitze ich
hier. Dann kommt der Internatsleiter.
Jörg Richter ist ein junger Mensch, um
die Dreißig schätze ich ihn, vielleicht    80
auch ein bisschen älter. Ungefähr 1,85 m
groß. Sein schwarzes Haar ist in der Mitte
gescheitelt, sein Gesicht sieht freundlich
aus. Er kommt herein und lässt sich auf
den nächstbesten Stuhl fallen. Dann, als    85
hätte er es vergessen, springt er wieder
auf, um uns zu begrüßen. Seine Hand ist
feucht. Er bittet uns, mit in sein Büro zu
kommen. Es ist nicht weit vom Sekretariat
entfernt. Unterwegs achte ich auf den Klang    90
des Holzbelags. Ich finde ihn nicht schön.
Aber wen interessiert das.

## ARBEITSANREGUNGEN

1. **Filmskript**

   Als Regisseur bzw. Regisseurin bereiten Sie eine Verfilmung von Leberts Erzählung vor.

   a) Wählen Sie aus dem Text drei Stellen aus, in denen die **Hauptfigur** in Nahaufnahme, Großaufnahme oder mit einem Detail zu sehen sein soll. Schreiben Sie für diese drei Einstellungen möglichst genaue Anweisungen für den Schauspieler, den Kameramann bzw. die Kamerafrau und die Musik-Einspielung. Beschreiben Sie für

   - den **Schauspieler**: Körperhaltung, Mimik und Gestik
   - den **Kameramann/die Kamerafrau**: Einstellungsgröße, Perspektive
   - die **Techniker** am Mischpult: einzuspielende Begleit- bzw. Hintergrundmusik

   b) Entwickeln Sie Ihre Ideen in Form einer Tabelle:

| Bezug im Text von Lebert (Zeilen- angabe) | Einstellungs- größe (Nah, Groß, Detail usw.) und Be- schreibung dessen, was zu sehen ist | Kamera- perspektive (Frosch-, Vogel-, Normal- perspektive) | Körperhal- tung, Mimik, Gestik | Dialoge (mit Angabe zu Lautstärke, Verzer- rungen etc.) | Begleit- und Hintergrund- musik |
|---|---|---|---|---|---|
|  |  |  |  |  |  |

2. **Denkblase**

   Die Geschichte wird durchgängig aus der Perspektive des Ich-Erzählers entwickelt. Wechseln Sie die Perspektive und schreiben Sie für die Endphase des Textes dem Vater des Ich-Erzählers eine Denkblase zu. Notieren Sie alles, was dem Vater in dieser Situation durch den Kopf gehen könnte. Der Denkblasen-Text sollte weit ausführlicher sein als entsprechende Texte in ▷ Comics (Seite 12).

3. **Charakter-Profil**

   Ziehen Sie das ▷ Charakter-Profil (s. Seite 30) zu Rate und beschreiben Sie genau die Figur des Ich-Erzählers. Verwenden Sie dabei möglichst viele der im Charakter-Profil gegenübergestellten charakterisierenden Adjektive.

4. **Figuren einfügen**

   a) Fügen Sie eine Ihnen bekannte Figur in das Geschehen ein. Zum Beispiel könnte es sich um einen Mitschüler oder eine Mitschülerin bzw. eine Lehrkraft Ihrer Schule handeln. Überlegen Sie genau, wie die von Ihnen ausgewählte Figur am Ende des Textes mit dem Ich-Erzähler ins Gespräch kommen könnte.

   b) Besprechen Sie, wie die Kontaktaufnahme wohl ablaufen würde und welche Gesprächsthemen sich entwickeln könnten.

   c) Überlegen Sie ebenfalls gründlich, welche sprachlichen Formen die beiden Figuren im Umgang mitein- ander entwickeln könnten.

   d) Schreiben Sie – jede/r für sich – eine Fortsetzung der Geschichte mit der von Ihnen eingefügten Figur.

5. **Verzweigung**

   Wenn Sie am Ende des Textes alternativ mehrere verschiedene Figuren einfügen, können Sie arbeitsteilig eine Verzweigung des Textes schreiben. Jede/r wählt eine der vorgeschlagenen Figuren aus und schreibt den Text mit dieser Figur weiter. Dieses Verfahren hat den Reiz, dass es ganz unterschiedliche Fortsetzungen ermöglicht.

### 6. Ersatzproben

a) Benjamin Lebert hat zu Beginn seiner Erzählung eine Reihe von Entscheidungen getroffen, die Ihnen zunächst vielleicht gar nicht aufgefallen sind. Nutzen Sie das ▷ Struktur-Profil in der rechten Umschlagklappe, um diesen Entscheidungen auf die Spur zu kommen.

Spielen Sie gedanklich durch, wie sich der Text von Anfang an verändern würde, wenn eine dieser Entscheidungen ganz anders ausgefallen wäre. Eine hilfreiche Orientierung über die denkbaren Gestaltungsmöglichkeiten gibt auch der ▷ Entscheidungsbaukasten auf Seite 55.

b) Gestalten Sie eine solche Neuentscheidung aus, indem Sie eine neue Variante des Textes oder zumindest des Textanfangs schreiben.

c) Diskutieren Sie die jeweils veränderte Wirkung, die sich ergibt.

*Gerold Späth*

# Lebensläufe (1984)

*Nach langen Studienaufenthalten im Ausland lebt Gerold Späth heute wieder in Rapperwil bei Zürich, wo er 1939 als Sprössling einer Orgelbauerdynastie geboren wurde.*

### Armin Salm

Ich will den Leuten hier zeigen, diesen Einfaltskloben, den armseligen Jämmerlingen, wer ich bin. Aus was für Material ich bin. Ich bin
5 George Roger Williamsborough Douglas Earl Mountbatten. Ob andere das wissen, kann mir gleichgültig sein. Ich weiß es. Ich habe meinen Stammbaum gezeichnet und einrahmen lassen, 1.20 auf 80, echt vergoldet. Ich heiße jetzt gera-
10 de Armin Salm. Als Armin Salm arbeite ich in einer Speditionsabteilung. Mein vorübergehender Beruf ist Hilfsmagaziner. Eines Tages werde ich den Leuten klarmachen, wer ich bin. Ich werde ihnen meine Adelstitel um die Ohren
15 pflatschen wie vollgeschissene Windeln. Ich werde meine Ansprüche erheben. Ich bin der absolut genialste Mensch unter diesen Säuen. Ich werde wüten, alle Männer in Handschellen ohne Wasser oder Brot. Ich werde ein Ju-
20 biläumsfest geben und noch vor dem großen Feuerwerk alle Idioten vergiften lassen. Man wird meine Befehle kennen lernen. Ich bin das neue Genie. Ich werde in zwölf Sprachen befehlen. Ich bin der größte Adelige aller Adeli-
25 gen. Ich kann alles, ich brauche aber nichts zu können. Ich kann warten. Ich werde grauenhaft sein in meiner Herrlichkeit und Allmacht. Ich werde regieren wie nie Einer zuvor oder je wieder nachher regiert hat. Ich werde zuerst
30 den Chefmagaziner eigenhändig mit einem Beil zusammenhacken und die Sekretärin des Werkstattschreibers, diese geile Sau. Ich werde alle Magazinhallen anzünden oder unter Was-

ser setzen lassen. Ich werde den Leuten klarmachen, wer eigentlich hinter A. Salm, Hilfs-
35 magaziner, steckt. Wer sich jetzt noch harmlos dahinter versteckt. Ich werde die schönsten Hauptstraßen und diese Stadt und viele Großstädte nach mir benennen. Georgestadt. Rogerstadt. Douglasstadt. Great Mountbatten Town.
40 Ich werde meine Firma liquidieren und alles Geld beanspruchen. Ich werde weltweit weise regieren. Aber in dieser Stadt, wo nur wenige mich kennen wollen und ich nur der Hilfsarbeiter Salm bin zur Zeit, nur wenig Gnade
45 walten lassen. Niemand wird mich anpfeifen können oder verpfeifen.

### Bettina Dürr

Nie hat es mir jemand gesagt man hat mir nie gesagt die Zecken denen sagen wir Holzböcke haben wir die Zecken die Gefährlichkeit Haselnussstrauch Holzbockzecken das Hirn hat
5 mir nie jemand gesagt vorher hat man mir hat niemand mir gesagt Holzbockhirn die Gefährlichkeit hat nie man mir gesagt vorher nie jemand jetzt ringsum Haselzecken die Gefährlichkeit die Entzündung wir sagen
10 Holzböcke eine Entzündung nie gesagt nie jetzt haben es wir die Zecken die Gefähr-

lichkeit Holzböcke Zecken das Hirn am Haselnussstrauch nie jemand die Zecken die Gefährlichkeit man mir nie gesagt niemand

### Heidi Blöchlinger

Ich las einmal von einem deutschen Seekadetten, der eines Abends auf hoher See irgendwo weitab vor der brasilianischen Küste unbemerkt über Bord fiel. Er wurde erst am Morgen vermisst, worauf der Kapitän das Schulschiff wenden und auf demselben Kurs zurückfahren ließ. Nach insgesamt 22 Stunden wurde der Kadett lebend gefunden und geborgen. Er habe, sagte er später, sich einfach gesagt: Nun, es ist aus mit mir, aber bevor es ganz aus ist, schwimme ich noch, so lange ich kann. Er schwamm sparsam. Er ließ sich eigentlich nur treiben, um möglichst lange nicht von Kräften zu kommen. Er hatte Glück, denn die See war ruhig und das Wasser war relativ warm. Seine Angst sei aber unbeschreiblich gewesen nach einiger Zeit und am meisten habe er sich nicht vor der früher oder später unweigerlich aufkommenden Erschöpfung, sondern davor gefürchtet, dass er unvernünftig werde und vor Angst durchdrehe. Angst vor der Angst.

Unbeschreiblich dann das überwältigende Glücksgefühl, als er plötzlich ein Schiff über der Kimm habe auftauchen und auf ihn zufahren sehen, immer größer. Sein Schiff. Die Rettung. Mein Leben ist Schwimmen auf hoher See. Ich bin irgendwann weit weg von jeder Küste über Bord gefallen. Niemand vermisst mich. Kein Schiff kehrt um. Das Wasser ist nicht warm, es ist kalt. Ich suche den Horizont vergeblich ab, ich suche den Horizont vergeblich. Meist ist es dunkel. Erschöpfung wird eintreten. Ich habe entsetzliche Angst, keine Hoffnung. Ich bin bereit, vor Glück zu sterben. Einmal Erlösung, Rettung, gewaltiges Glück durch und durch erleben und darob vor Freude zerspringen. Aber ich muss schwimmen. Selbst der Tod wird mich nicht erlösen, nur löschen. Außer Angst und Bangen werde ich nie etwas von Belang gefühlt, gespürt, erlebt haben. Millionen schwimmen, treiben im gleichen Meer der Angst. Aber: Mal de muchos consuelo de tontos. Das las ich auch einmal. Auf dem Meer treibt das Unglück und am dunklen Grund der Meere bleibt es liegen, wenn es schwer genug geworden und abgesunken ist. Es häuft sich. Es ist hoch aufeinandergetürmt. Alle wissen oder ahnen es. Aber niemand schaut in die Tiefe. Alle schwimmen. Ich habe mich als Kindergärtnerin mit Kindern abzugeben. Manchmal kaufe ich ein paar Flaschen guten Wein, meist am Samstag. Ich habe unmögliche Wünsche und bin meist allein. Dann koche ich mir ein gutes Essen. Dann esse und trinke ich bei Kerzenlicht und schöner Musik. Dann ziehe ich mich aus und vergehe. Ich trinke und lache und weine und schwimme manchmal ganz oben auf der Oberfläche. Aber es hat schon immer zuviel Angst gegeben. Es hat sich angehäuft. Eine Decke von Angst liegt über der Welt wie schmutziger aschiger rußiger Schnee. In allem, was gedacht oder angefasst oder gemacht wird, ist Angst. Die meisten Gegenstände in der Welt sind nicht aus irgendeinem Stoff, sondern aus Angst. Auch die Ideen sind aus Angst. Auch der Zwilling Dummheit. Angst und Dummheit sind sogar besonders oft kopuliert. Unerschöpfliche Rohstoffe. Immer wird's noch mehr, wie im Märchen das alles erstickende Mus aus dem unaufhaltsam überkochenden Topf. Ich habe viel, eigentlich sehr viel, gemessen an vielen Frauen, die ich kenne oder fast täglich sehe, und ich weiß nicht, wie viel mir fehlt.

---

## ARBEITSANREGUNGEN

### 1. Lebenskurve
Zeichnen Sie für die drei Figuren Lebenskurven, in denen Sie Höhe- und Tiefpunkte angeben. Beispiel:

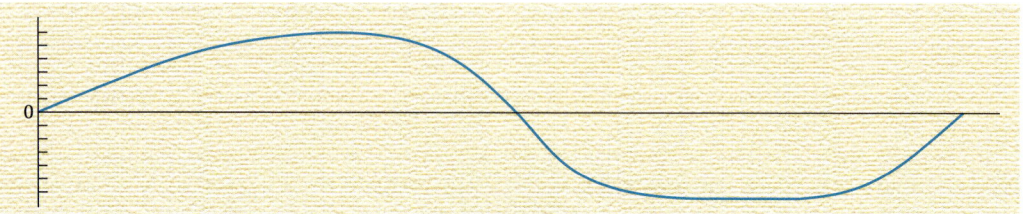

## 2. Namen-Zusätze

Überlegen Sie für alle drei Figuren „sprechende Namen". Diese sollen Charakter und Lebenserfahrung der Figuren möglichst genau treffen.

## 3. Reduktion

a) Die Texte von Späth sollen auf die drei **wichtigsten Aussagen** reduziert werden. Wählen Sie zwischen dem ersten und dem dritten Text und reduzieren Sie diesen dann. Überlegen Sie genau, welche Aussagen übrig bleiben sollen, und schreiben Sie den Kurztext auf.

b) Lesen Sie jeweils alle in der Gruppe/Klasse verfassten Kurztexte zu einem der Ausgangstexte in Serie vor.

c) Mit Ihren Reduktionen haben Sie festgelegt, welche Aussagen eines Textes für Sie die wichtigsten sind. Diskutieren Sie Ihre Überlegungen mit anderen, nachdem Sie deren Entscheidungen zur Kenntnis genommen haben.

## 4. Stilproben

a) Setzen Sie die folgende Liste mit **Adjektiven** fort. Diese sollen angeben, in welche verschiedenen Richtungen man Texte stilisieren kann. Einen Überblick über eine Reihe von stilistischen Grundtendenzen gibt das ▷ Haus der Stile (Seite 59).

### Stilmöglichkeiten

- sachlich
- pädagogisch
- aggressiv
- weinerlich
- distanziert
- verwirrt
- betriebswirtschaftlich
- juristisch
- feministisch
- elegant
- chaotisch
- militant
- betrunken
- sadistisch
- hastig
- akribisch
- selbstgefällig
- militärisch
- pathetisch
- nüchtern

- beleidigend
- sanft
- prophetisch
- heldenhaft
- romantisch
- barock
- schwülstig
- grotesk
- mathematisch
- bildreich
- lustvoll
- intellektuell
- schleppend
- witzig
- lapidar
- frömmlerisch
- bürokratisch
- sarkastisch
- deprimiert
- …

b) Überlegen Sie, welche Stilelemente man in den drei kurzen Texten von Gerold Späth jeweils findet. An welchen Besonderheiten der Wortwahl und der Syntax (des Satzbaus) lassen sich die von Ihnen vermuteten Stilrichtungen festmachen?

c) Wählen Sie eine Stilisierungsmöglichkeit aus und treiben Sie diese auf die Spitze. Wählen Sie für einen der Texte sechs Stellen aus, die Ihrer Meinung nach im Ausdruck noch weiter verstärkt werden könnten. Machen Sie an diesen Stellen einige Ersatzproben: Welche Ersatzformulierungen könnten Ihrer Meinung nach den Stil des Textes noch stärker akzentuieren?

d) Tauschen Sie die Wörter bzw. Sätze entsprechend aus und prüfen Sie die Wirkung. Machen Sie evtl. einen zweiten Versuch.

e) Überlegen Sie anschließend, in welcher besonderen Weise man einen Text mit den von Ihnen hervorgehobenen Stilelementen vortragen müsste. Versuchen Sie, ihn zu präsentieren.

## 5. Schriftliche Analyse

Ihre kreativen Auseinandersetzungen mit den Kurztexten von Gerold Späth haben Ihnen vermutlich – mehr oder weniger nebenbei – eine ganze Reihe von Einsichten gebracht. Wählen Sie einen der Texte aus und schreiben Sie nun – als Zusammenfassung Ihrer Einsichten – eine kurze Analyse. Entnehmen Sie dazu dem ▷ Struktur-Profil in der rechten Umschlagklappe einige Gesichtspunkte und stellen Sie dar,

- was der Autor vermittelt und
- wie er seine Aussage gestaltet.

6. **Lebenserfahrungen**

a) Stellen Sie sich vor: Sie befragen einige Menschen unterschiedlichen Alters, die Sie gut kennen – evtl. auch eine erfundene Figur. Sie sitzen mit diesen Personen in einer Kneipe, kommen mit ihnen ins Gespräch und stellen irgendwann die folgenden Fragen:

- „Was waren die wichtigsten Erfahrungen in Ihrem (bisherigen) Leben?"
- „Gab es ein Schlüsselerlebnis für Sie?"
- „Was würden Sie sagen, wenn Sie ein Fazit Ihrer Lebenserfahrung ziehen sollten?"

b) Stellen Sie sich die Personen genau vor und erfinden Sie Antworten, die diese auf Ihre Fragen geben könnten. Gestalten Sie die Antworten einer Person ähnlich wie Gerold Späth in einem zusammenhängenden Text aus. Natürlich wird dabei vieles von Ihnen fingiert (ausfantasiert) werden müssen. Aber vielleicht gibt es ja auch Anhaltspunkte in der Realität.

c) Den Namen der Figur, sofern es sie in Wirklichkeit gibt, müssen Sie nicht nennen. Erfinden Sie stattdessen wieder einen „sprechenden Namen", der etwas über die Figur aussagt.

d) Überlegen Sie genau, wie die Figur ihre Erfahrungen wohl zur Sprache bringen würde:

- Welche Besonderheiten der Ausdrucksweise wären zu erwarten?
- Welcher Stil wäre angemessen?

*Franz Kafka*

# Kleine Fabel (1931)

*Franz Kafka, 1883 in eine jüdisch-deutsche Kaufmannsfamilie in Prag hineingeboren, war promovierter Jurist. Tagsüber arbeitete er für eine Versicherung, nachts schrieb er. Das spannungsreiche Verhältnis Kafkas zu seinem Vater hat eindrückliche Spuren in seinem Werk hinterlassen. 1925 starb Kafka nach langer Krankheit an Tuberkulose.*

„Ach", sagte die Maus, „die Welt wird enger mit jedem Tag. Zuerst war sie so breit, dass ich Angst hatte, ich lief weiter und war glücklich, dass ich endlich rechts und links in der Ferne
5 Mauern sah, aber diese langen Mauern eilen so schnell aufeinander zu, dass ich schon im letzten Zimmer bin, und dort im Winkel steht die Falle, in die ich laufe." – „Du musst nur die Laufrichtung ändern", sagte die Katze und
10 fraß sie.

*Franz Kafka (1906)*

In der **Produktionswerkstatt** zu dem Text „Kleine Fabel" lernen Sie eine Fülle weiterer Möglichkeiten kennen und anwenden, mit deren Hilfe man kreativ mit einem Prosatext umgehen kann. Wenn Sie sich in der Werkstatt intensiver umschauen und vieles erproben, werden Sie in Zukunft bei der Betrachtung von Erzähltexten von sich aus auf mehr und vielleicht auch überraschende neue Ideen kommen.

## ARBEITSANREGUNGEN

1. **Schlüsselwort-Cluster**
   a) Notieren Sie zu den Schlüsselwörtern „Lauf" und „Angst" aus dem Kafka-Text Gedanken, die Ihnen durch den Kopf gehen.
   b) Überlegen Sie zunächst, welche anderen Wörter aus dem Wortfeld „Lauf" bzw. „Angst" sich auf den Kafka-Text beziehen ließen. Notieren Sie diese Wörter in einem Kranz um das jeweilige Schlüsselwort herum.

   c) Überlegen Sie anschließend, welche Deutungsmöglichkeiten für einzelne Formulierungen des Textes sich aus den neu gefundenen Wörtern ableiten lassen.

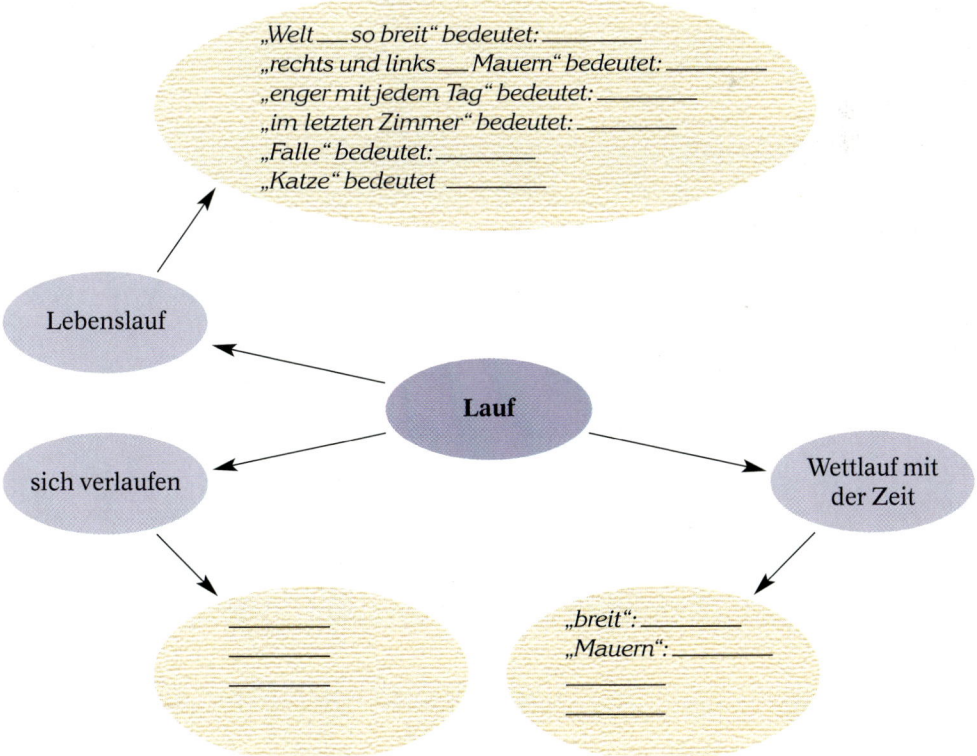

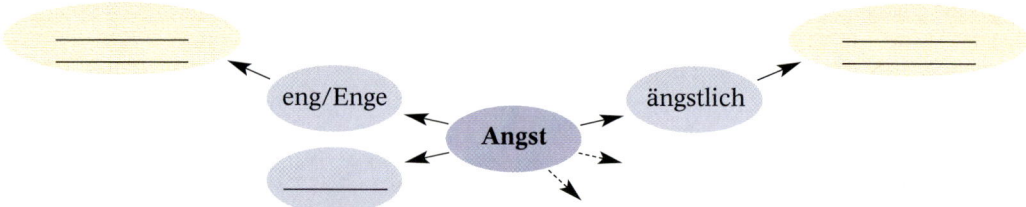

## 2. Comics

Setzen Sie die „Kleine Fabel" in eine Sequenz von fünf Comic-Zeichnungen um. Überlegen Sie genau, wie Sie Weite und Enge, Groß (Mauern, Katze) und Klein (Maus) umsetzen wollen. Entscheiden Sie sich bewusst für die Einstellungsgröße (Welt, Totale, Halbtotale, Halbnah, Nah, Groß, Detail) und die Perspektive (Frosch-, Vogel- oder Normalperspektive) der einzelnen Zeichnungen.

## 3. Begleitbrief

a) Der folgende Comic informiert Sie in groben Zügen darüber, wie das Verhältnis Franz Kafkas zu seinem Vater während der Kindheit und auch später gewesen ist.

b) Stellen Sie sich vor: Franz Kafka schickt seinem Vater die „Kleine Fabel". Schreiben Sie einen fiktiven Begleitbrief zu dieser Sendung.

WER SICH MIT HUNDEN HIN-LEGT, STEHT MIT FLÖHEN AUF, HERR SOHN!

ABER ...

KEINE WIDERREDE, HERR SOHN!

ABER ...

ICH ZERREISSE DICH WIE EINEN FISCH!

Er stellte sich vor, wie sein Vater quer über eine Erdkarte ausgestreckt lag ...

"ES KÄMEN FÜR MEIN LEBEN NUR DIE GEGENDEN IN BETRACHT, DIE DU ENTWEDER NICHT BE-DECKST ODER DIE NICHT IN DEI-NER REICHWEITE LIEGEN, UND DAS SIND ENTSPRECHEND DER VORSTELLUNG, DIE ICH VON DEI-NER GRÖSSE HABE, NICHT VIE-LE GEGENDEN..."

4. **Anschlusstext**

Gehen Sie davon aus, dass jemand die Geschehnisse in Kafkas Text geträumt hat. Sobald er/sie aus dem Traum erwacht ist, fängt er/sie an darüber nachzudenken, was der Traum wohl bedeuten mag. Schreiben Sie einen Anschlusstext in Ich-Form. Darin setzt sich eine angenommene Figur intensiv mit dem Traum auseinander.

5. **Gegentext**

Schreiben Sie die „Kleine Fabel" aus der Perspektive der Katze neu. Tragen Sie Ihren Text vor und vergleichen Sie ihn mit den Versionen anderer.

6. **Kontext-Situationen**

Kafkas Text hat eine sehr offene Aussage. Er ist deshalb auf ein Verstehen angewiesen, das über die wörtliche Textaussage hinaus vieles hinzudeutet. Machen Sie dazu einige Experimente:

a) Stellen Sie den Text von Kafka in verschiedene Kontexte (Umgebungen). Erfinden Sie einen Handlungsrahmen, in dem das, was der Text aussagt, eine besondere Rolle spielen könnte. Setzen Sie die folgende Liste von Vorschlägen für Kontextierungen fort:

- *Versuchsanordnung (biologischer Tierversuch)*
- *Predigt (Orientierungshilfe für Gläubige)*
- *Revolution (Rede eines Revolutionärs)*
- *Flugblatt (einer Umweltorganisation, die die Menschheit vor einer Katastrophe warnen will)*
- *Aufsichtsratssitzung (Abwicklung einer Firmenübernahme)*
- *…*

b) Wählen Sie anschließend einen Kontext aus und gestalten Sie den Handlungsrahmen schriftlich aus.

c) Diskutieren Sie die verschiedenen Interpretationsansätze, die sich durch die Umgebungstexte ergeben haben.

7. **Nachdenken über das Verstehen – ein hermeneutischer Zirkel**

a) Sie haben eine Reihe von Zugängen zu Kafkas „Kleiner Fabel" kennen gelernt. Klären Sie die folgenden Fragen:

- Warum lässt Kafkas Text überhaupt so viele verschiedene Interpretationen zu?
- Welche Vor- und Nachteile hat die Interpretationsvielfalt?
- Welche Interpretation halten Sie für die schlüssigste?

b) Legen Sie dann einen persönlichen „hermeneutischen Zirkel" an. Tragen Sie einige Stichworte darin ein. Die Eintragungen dienen Ihrer Selbstverständigung. Die Einzelheiten müssen Sie nachher nicht öffentlich machen.

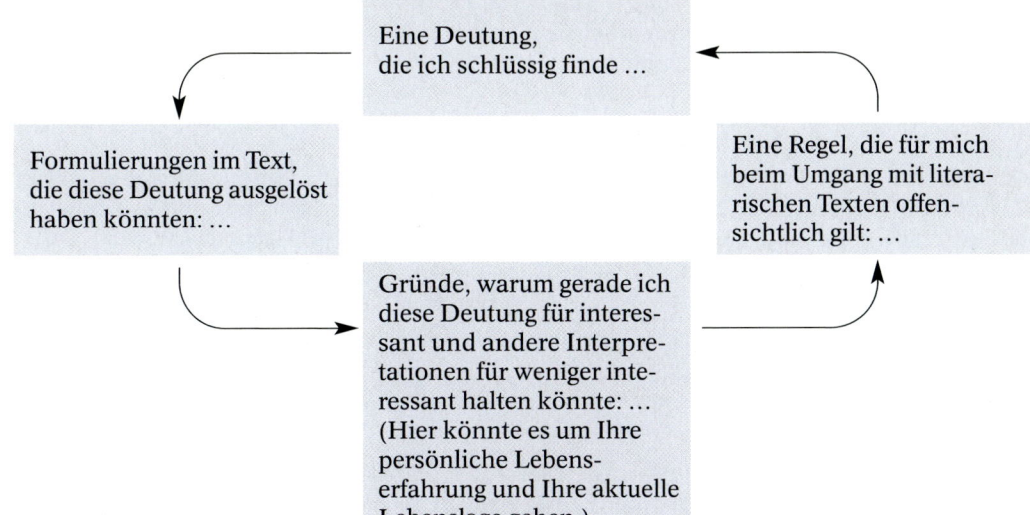

Eine Deutung, die ich schlüssig finde …

Formulierungen im Text, die diese Deutung ausgelöst haben könnten: …

Eine Regel, die für mich beim Umgang mit literarischen Texten offensichtlich gilt: …

Gründe, warum gerade ich diese Deutung für interessant und andere Interpretationen für weniger interessant halten könnte: … (Hier könnte es um Ihre persönliche Lebenserfahrung und Ihre aktuelle Lebenslage gehen.)

c) Vielleicht ist Ihnen beim Ausfüllen des „hermeneutischen Zirkels" klar geworden, wie Sie persönlich mit Erzähltexten, also mit den Fantasien anderer, umgehen.

d) Diskutieren Sie, welche Aufgabe Erzähltexte dieser Art für unterschiedliche Leserinnen und Leser haben könnten.

*Franz Hohler*

# Die drei Beobachter

*Franz Hohler hat sich als Kabarettist und als Autor einen Namen gemacht. Er schreibt für Kinder und Jugendliche ebenso erfolgreich wie für Erwachsene. Seine Bücher wurden mehrfach ausgezeichnet. Franz Hohler ist 1943 geboren und lebt in Zürich.*

Drei Freunde beschlossen einmal, von jetzt an alle etwas zu beobachten.

„Ich werde die Hirsche beob-
5  achten", sagte der erste, „wo sie durchgehen, was sie fressen, was sie miteinander tun."

Der zweite sagte: „Ich will die Sterne beobachten. Wie
10  sie sich verschieben, wie sie entstehen und verlöschen, wie sie sich um andere Sterne drehen."

„Und ich", sagte der dritte, „ich will Häuser beobachten. Wie sie dastehen, wie sie ihre
15  Farbe verändern, wie sie einstürzen."

Da wunderten sich die andern beiden sehr und versuchten ihn von seinem Vorhaben abzubringen. Häuser, sagten sie, könne man doch nicht beobachten, auch sei ein Haus-
20  einsturz etwas sehr Seltenes, und überhaupt werde er es mit dieser Tätigkeit nirgends hinbringen.

Der dritte ließ sich aber nicht davon abhalten, und so trennten sie sich und vereinbarten,
25  dass sie sich nach zwölf Jahren wieder am selben Ort treffen wollten.

Als sie sich nach dieser Zeit wieder sahen, konnten die beiden ersten kaum warten, bis sie erzählt hatten, was aus ihnen geworden war, der eine war bereits ein bekannter  30 Hirschforscher und der andere ein aufstrebender Astronome.

„Und du?", fragten sie den dritten, der alt aussah, „hast du deine Häuser beobachtet?"

„Ja", sagte der dritte, „ich habe die ganze Zeit  35 nichts anderes getan."

„Und hast du je ein Haus einstürzen gesehen?", fragte der zweite.

„Nein", sagte der dritte, „ich habe nie ein Haus einstürzen gesehen, und ich habe es  40 auch nicht zu etwas gebracht wie ihr. Trotzdem ist es geradezu unheimlich, was ich alles erlebt habe."

## ARBEITSANREGUNGEN

### 1. Biografischer Kompass

Die Erzählung Franz Hohlers sagt nicht allzu viel über die drei Figuren aus. Wählen Sie eine der Figuren aus und notieren Sie für diese einige Aspekte in einem „biografischen Kompass". Dabei müssen Sie natürlich einiges in die Figuren hineinfantasieren.

a) **Räume**
In welchen typischen Räumen, in welchen Gegenden ist die Figur gewesen?

b) **Ziele**
Was kann sich die Figur von ihrem weiteren Leben erwarten?

d) **Erlebnisse**
Was hat die Figur in ihrem bisherigen Leben beeindruckt?

c) **Motive**
Aufgrund welcher Motive handelt die Figur?

2. **Standbild-Beschreibung**
   a) Arrangieren Sie ein Standbild der drei Figuren. Drücken Sie durch Körperhaltung und Gestik aus, wie sie die dargestellten Personen verstehen.
   b) Die Beobachtenden beschreiben anschließend möglichst genau das Standbild und bauen anschließend ein eigenes Standbild.

3. **Figuren einkleiden**
   a) Überlegen Sie, wie die Figuren bei ihrem zweiten Treffen wohl gekleidet sind. Fertigen Sie entsprechende Beschreibungen so an, dass sie in den Text eingefügt werden können. Lesen Sie den Text dann mit diesen Erweiterungen noch einmal vor.
   b) Was tragen Ihre Beschreibungen zum Verständnis des Textes bei?

4. **Perspektivierung mit Musik**
   a) Hohlers Erzählung ist in Er-Form verfasst. Nehmen Sie die Perspektive einer der beteiligten Figuren ein und erzählen Sie die Geschichte in dieser Perspektive neu. Dabei können Sie sowohl den Inhalt variieren und ausgestalten als auch die Sprache verändern. Nutzen Sie das ▷ Struktur-Profil in der rechten Umschlagklappe.
   b) Tragen Sie Ihren umgewandelten Text vor. Lassen Sie während Ihres Vortrags im Hintergrund leise ein Musikstück laufen, dessen Stimmungslage Ihrer Meinung nach gut zu der von Ihnen gewählten Figuren-Perspektive passt.

**METHODENBAUSTEIN**

### KREATIVES SCHREIBTRAINING ZUR LITERATURINTERPRETATION

Bringen Sie selbst einen Erzähltext in den Unterricht mit, der Ihrer Meinung nach in die Reihe der hier vorgestellten Texte passt und der Sie interessiert. Wählen Sie dann einige der folgenden Verfahren aus und setzen Sie sich kreativ mit diesem Text auseinander.

Die vorgeschlagenen Methoden haben Sie bereits alle kennen gelernt. In der folgenden Tabelle sind sie nach bestimmten Gesichtspunkten geordnet. Die Seitenangaben weisen darauf hin, wo Sie weitere Einzelheiten zu den genannten Schreibverfahren nachschlagen können.

**Schreiben und Verstehen**

**Ausgestaltung/ Rückführung**
- Denkblase (S. 6, 37)
- Namen-Zusätze (S. 9)
- Reduktion (S. 9)
- Stilproben (S. 9)
- Biografischer Kompass (S. 14)
- Figuren einkleiden (S. 15)

**Verwandlung**
- Filmskript (S. 6)
- Standbild-Beschreibung (S. 15)
- Esatzprobe (S. 6, 58)
- Lebenskurve (S. 8)
- Comics (S. 12)
- Gegentext (S. 13)
- Perspektivierung mit Musik (S. 15)

**Kontexturierung**
- Figuren einfügen (S. 6)
- Verzweigung (S. 6)
- Lebenserfahrung (S. 10)
- Begleitbrief (S. 12)
- Anschlusstext (S. 13)
- Kontext-Situationen (S. 13)

- Charakter-Profil (S. 30)
- Schlüsselwort-Cluster (S. 11)
- Hermeneutischer Zirkel (S. 13)

Weitere Methoden sind im ▷ Index auf Seite 63 zusammengestellt.

## 3  Schreibvorbereitung: Arbeitsmethoden beherrschen

Im Unterricht der Sekundarstufe II erwerben Sie nicht nur weiteres Wissen; hier geht es besonders auch darum, Arbeitsmethoden zu durchschauen und sie schließlich so selbstständig anzuwenden, dass Sie in Studium, Ausbildung und Beruf souverän über sie verfügen können. Auf den folgenden Seiten erhalten Sie Hinweise, die Sie in die Lage versetzen, mit Erzähltexten sachkundig und selbstständig umzugehen. Das Know-how können Sie über Erzählungen hinaus auch auf andere Texte anwenden.

## Wissen mobilisieren

Schreiben Sie auf, was Sie wissen. Und nutzen Sie dabei ein Schreibverfahren, das vorhandenes Wissen schnell verfügbar macht und festhält, damit Sie es für die nächsten Stunden (z.B. in längeren Klausuren) nicht mehr aus dem Blick verlieren.

Besonders am Anfang von Klausuren oder in anderen Situationen, in denen Sie einer Informationsflut ausgesetzt sind, kann dieses Schreibverfahren für Sie sehr nützlich sein. Es hält Ihr Wissen nicht nur schriftlich fest, sondern veranlasst Sie zugleich, es übersichtlich zu ordnen.

# Wissen visualisieren

## 1. Netzdiagramm
Zeichnen Sie ein Netzdiagramm. Werfen Sie ein „Netz" über Ihr Wissen und fangen Sie es ein. Tragen Sie alle Ihnen bekannten Begriffe ein, die bei der Betrachtung eines Erzähltextes von Belang sein könnten.

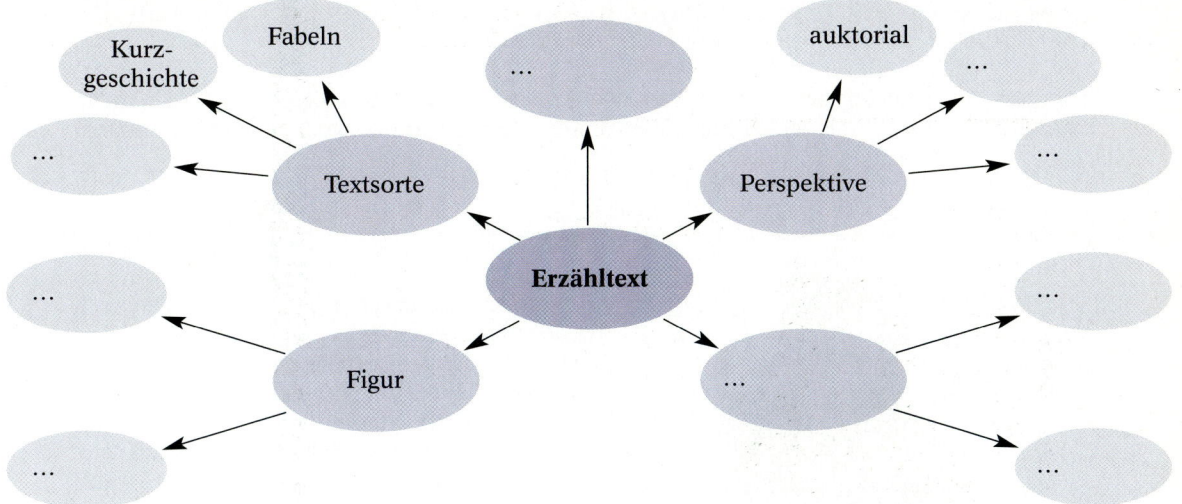

## 2. Baumdiagramm
Außer einem Netzdiagramm eignet sich auch ein Baumdiagramm zur schnellen und systematischen Zusammenstellung wichtiger Fachbegriffe.

| Erzähltext | | | | | | | |
|---|---|---|---|---|---|---|---|
| Textsorte | | | | Perspektive | | | |
| Fabel | Kurzge-schichte | ... | ... | auk-torial | ... | ... | ... |

Falls Ihnen nicht genügend Fachbegriffe einfallen, können Sie beim Ausfüllen dieses Netz- bzw. Baumdiagramms evtl. auf das ▷ Struktur-Profil in der hinteren Umschlagklappe zurückgreifen.

---

**METHODENBAUSTEIN**

**TEXTE GEDANKLICH VERARBEITEN**

- **Lesen** Sie die Texte zunächst unter Anwendung der ▷ Fünf-Schritt-Methode (in der hinteren Umschlagklappe), die Ihnen hilft, einen Text sowohl effektiv als auch kreativ zu erschließen.
- Den **Inhalt** des Textes können Sie mit einem ▷ Flussdiagramm (Seite 41) nachvollziehen.
- Die **Figuren** eines Textes können Sie mit einem selbst erstellten ▷ Charakter-Profil (s. Seite 30) analysieren.
- **Zentrale Motive** des Textes können Sie mit einem ▷ Schlüsselwort-Cluster (s. Seite 11) oder einem ▷ Stichwortbild (s. Seite 42) darstellen.
- **Zusammenhänge von Inhalt und Form** können Sie in einer ▷ Matrix (s. Seite 46) darstellen.
- Den **Titel** des Textes können Sie schließlich mit Hilfe eines ▷ Titel-Clusters (s. Seite 29) reflektieren.

Weitere Hinweise zur Textanalyse finden Sie im Abschnitt ▷ Texte wahrnehmen, Seite 53.

# B Zueinander – miteinander – auseinander

Die Beziehungen zwischen Menschen sind immer in Bewegung. Ob und wie diese Beziehungen gelingen, wird in literarischen Texten häufig untersucht und beschrieben.

## 1 Ich habe Zeit

In jedem der folgenden drei Texte haben zwei Menschen, die sich mögen, Zeit füreinander. Zusätzlich sind aber auch Beobachter mit im Spiel; sie sehen die Zweisamkeit mit ganz anderen Augen.

*Zoë Jenny*
### Mann im Kino (1997)

*1974 in Basel geboren, gelang Zoë Jenny bereits mit ihrem Debütroman „Das Blüten-staubzimmer", dem die nachfolgende Szene entnommen ist, der Durchbruch. Das Buch wurde mehrfach ausgezeichnet und in mehrere Sprachen übersetzt.*

Ein kleines Kino, in dem es nach Himbeereis, Popcorn und Pisse riecht. Drei weitere Leute kommen in die Nachmittagsvorstellung, einer davon, ein junger Mann mit dünnem blonden
5 Haar und hellgrünem Blazer, setzt sich zwei Plätze neben mich. Auf der Leinwand geht ein amerikanischer Ehemann in sein herunter-gekommenes Einfamilienhaus, das dicht an einer Autobahn steht, stellt eine Tüte mit
10 Nahrungsmitteln auf den Küchentisch und trommelt seine Familie zusammen. Nachdem die Kinder wie kleine Säue gefressen haben und wieder aus dem Haus verschwunden sind, steckt der Mann seiner Frau ein Steak in
15 den Mund, legt sie auf den Küchentisch und holt ihre Brüste aus dem gelben Sommerkleid. „Nicht hier auf dem Küchentisch", sagt sie mit vollem Mund, „die Kinder ..."
„Na und", und er beißt ihr in die Brustwarzen.
20 „Bitte", klagt sie, darauf trägt er sie ins Wohn-zimmer aufs Sofa.
„Weißt du noch?"
Sie lacht, und ihr Gesicht ist hart und schön.
„Mit welchem Geld hast du eigentlich das viele Essen gekauft", flüstert sie in sein Ohr.
25 „Mit dem letzten Lohn, mir wurde heute gekündigt", flüstert er zurück. Sie stößt sich von ihm ab und beginnt, mit den Füßen verärgert auf den Boden stampfend, in einem fort zu fluchen. Entnervt fährt
30 der Mann ins Royal. Dort in einer Bierhalle trifft er seine Kollegen, um sich zu besaufen. Spät in der Nacht lädt er alle zu sich nach Hause ein. Und dann, inmitten des Sauf-gelages, entzündet sich der Streit des Ehe-
35 paares. Schlagartig flüchten die Kollegen aus dem Haus; die Bierflaschen noch an den Lippen, fahren sie auf ihren dröhnenden Harleys zurück ins Royal. Während die Eltern das Mobiliar zertrümmern, sieht
40 man die Kinder im oberen Stock wach in den Betten hocken, zusammengekauert mit weit aufgerissenen Augen.
Eine Familie erscheint, lächelnd mit Eistüten in den Händen; ein Gongschlag läutet die
45 Pause ein. Der junge Mann neben mir holt sein Funktelefon aus dem Blazer und beginnt zu telefonieren. „Scheißfilm", höre ich ihn sagen. Nichtachtend, dass der Film weiter-

50 geht, redet er ununterbrochen in den Hörer, ohne noch einen Blick auf die Leinwand zu werfen. Dort spitzt sich der Streit zu. Er schreit. Sie schreit. Dann packt er sie, sie fliegt durchs Wohnzimmer, donnert gegen die Wand 55 des Einfamilienhauses und stürzt blutüberströmt vornüber. „Dreckskerl", keucht sie, er reißt ihr das Sommerkleid mit seinen fletschenden Händen in Stücke.

Der Telefonmensch unterdessen wird immer 60 lauter, sein Blick ist während des Sprechens auf die Schuhspitzen gerichtet:

„Wenn schon ein Auto, dann ein Auto mit Airbag. Besonders, wenn man an Nachwuchs denkt."
Am anderen Ende piepst eine Frauenstimme: „Ich habe gar nicht gewusst, dass du Kinder 65 willst."
„Na, na!", sagt er, jetzt mit einer gespielt tiefen Stimme, die wahrscheinlich beruhigend klingen soll, „wir wollen sehen."
Dann steht er auf und blickt mich an, gehässig 70 vorwurfsvoll, als ob ich gelauscht hätte, und verlässt federnd in seinen mintgrünen Turnschuhen das Kino.

## ARBEITSANREGUNGEN

### 1. Cluster zu einem zentralen Begriff

Fünfmal kommen in diesem Text Kinder (bzw. Nachwuchs) vor. Zeichnen Sie den folgenden Cluster ab und machen Sie sich klar, wie Kinder hier im Handeln und Denken von Erwachsenen vorkommen, indem Sie die „Blasen" ergänzend füllen.

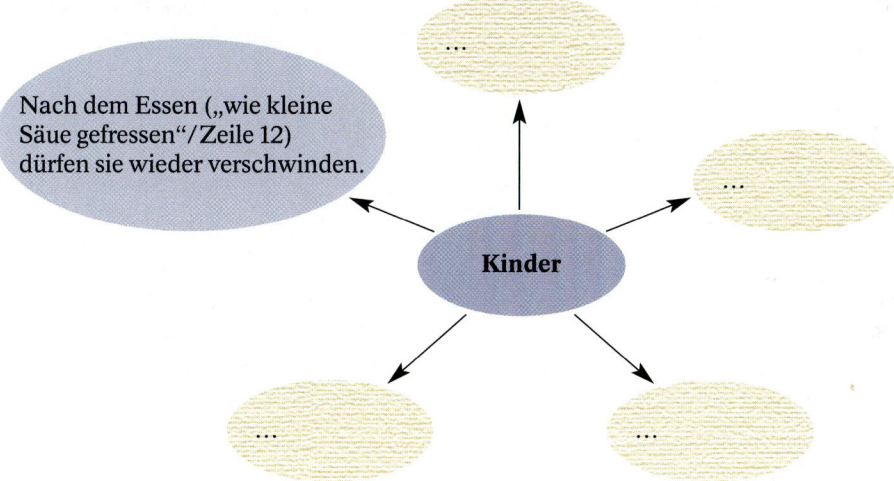

### 2. Regiebuch

a) Bereiten Sie eine Verfilmung des Textes vor. Schreiben Sie ein Regiebuch, in dem Sie zunächst festlegen, wo Filmschnitte vorkommen sollen. Schreiben Sie für jede Einstellung auf,
- was gesagt wird (evtl. unterteilt in Vordergrund- und Hintergrund-Dialog),
- was gerade zu sehen ist,
- wie die Einstellungen sein sollen (Perspektive, Ausschnitt etc., vgl. auch ▷ Filmskript, Seite 6),
- welche Hintergrundgeräusche zu vernehmen sind.

b) Notieren Sie alles in Tabellenform.

| Nummer und Stichwort | Dialog | Einstellungen (Perspektive, Ausschnitt etc.) | Hintergrundgeräusche |
|---|---|---|---|
| ... | ... | ... | ... |

3. **Vorgeschichte – Episoden aus der Figuren-Biografie**

Die Vorgeschichte des „jungen Mannes" teilt die Erzählerin nicht mit. Schreiben Sie einige kurze Episoden einer Figuren-Biografie. In diesen Episoden soll deutlich werden, wieso der „junge Mann" so geworden ist, wie er sich im Kino zeigt. Sie können über die Vorgeschichte des „jungen Mannes" in kleinen Gruppen nachdenken und Aspekte festlegen, bevor Sie die Episoden dann jeweils alleine schreiben.

4. **Vorgeschichte – Episoden aus der Figuren-*Auto*biografie**

Der „junge Mann" selbst erzählt aus seiner Biografie. Diskutieren Sie auch diese Episoden einer Figuren-*Auto*biografie in kleinen Gruppen, bevor Sie mit dem Schreiben beginnen. Überlegen Sie genau, welche Sprache der „junge Mann" für seine autobiografischen Episoden wohl wählen würde.

5. **Klopfwörter-Fortsetzung**

a) Schreiben Sie eine Fortsetzung des Erzähltextes zum Thema „Der junge Mann trifft seine Freundin".

b) Bereiten Sie Ihre Fortsetzungen evtl. mit dem Klopfwörter-Verfahren vor. Dazu überlegen alle zunächst kurz, wie das Treffen ablaufen könnte. Nach einiger Zeit klopft jemand – z.B. der Kurslehrer/die Kurslehrerin – auf einen Tisch; und sofort notiert jeder aufgrund seiner Überlegungen fünf Stichworte auf einem Zettel. Diese Stichworte sollen in der Fortsetzung der Geschichte vorkommen. Die Zettel werden eingesammelt und neu verteilt. Jeder muss die fünf Stichworte, die er erhalten hat, in seine Fortsetzung integrieren. Nach 20 Minuten sollen die Fortsetzungsepisoden fertig sein.

6. **Schriftliche Analyse**

Wählen Sie eine der unter 2 bis 5 von Ihnen geschriebenen Texte aus und begründen Sie schriftlich:

a) Inwiefern passt die Ergänzung zu dem Text von Zoë Jenny?

b) Wo wird sie der Erzähllogik des Jenny-Textes nicht gerecht?

In Ihrer Begründung können Sie u. a. das ▷ Struktur-Profil in der hinteren Umschlagklappe nutzen.

7. **Rhetorische Figuren**

Nutzen Sie die ▷ Rhetorik-Tabelle auf Seite 21 f., um eine Wertung des Textes „Mann im Kino" vorzubereiten. Ordnen Sie dazu zunächst tabellarisch den folgenden Zitaten die passenden Fachbegriffe zu:

a. „Ein kleines Kino, in dem es nach Himbeereis, Popcorn und Pisse riecht".

b. „... und trommelt seine Familie zusammen"

c. „Nachdem die Kinder wie kleine Säue gefressen haben ..."

d. „Er schreit. Sie schreit."

e. „Während die Eltern das Mobiliar zertrümmern ..."

f. „... sie fliegt durchs Wohnzimmer, donnert gegen die Wand und stürzt blutüberströmt vornüber."

g. „mit seinen fletschenden Händen"

h. „... steckt der Mann seiner Frau ein Steak in den Mund, legt sie auf den Küchentisch und holt ihre Brüste aus dem gelben Sommerkleid"

8. **Schriftliche Wertung**

Verfassen Sie nun eine Wertung, indem Sie unter Verweis auf einzelne Formulierungen die Ausdrucksstärke des Textes kommentieren.

## INFOBLOCK

### RHETORIK-TABELLE

Autorinnen und Autoren von Erzähltexten verwenden oft rhetorische Figuren, um besondere Wirkungen zu erzielen. Nutzen Sie die folgende Übersicht, um der Wirkung solcher Darstellungsmittel auf die Spur zu kommen. Beachten Sie, dass über die genannten Leserbeeinflussungen hinaus in konkreten Textzusammenhängen auch andere Wirkungen erzielt werden können.

| Rhetorische Figur | Wirkung, die damit z. B. erzielt wird |
| --- | --- |
| **Akkumulation** (Reihung von Begriffen zu einem genannten oder nicht genannten Oberbegriff) | Nachdruck, Intensivierung |
| **Alliteration** (gleicher Anlaut bei aufeinander folgenden Wörtern) | emotionale Verstärkung des gewünschten Eindrucks |
| **Anakoluth** (Störung des Satzbaus) | Hinweis auf emotionale Erregung, Verwirrung einer Figur etc. |
| **Antithese** (Entgegenstellung) | Hervorhebung einer Widersprüchlichkeit, eines ungelösten Problems etc. |
| **Chiasmus** (symmetrische Überkreuzstellung zweier Sätze, was die Anordnung der Satzteile anbetrifft) | Aufbau einer antithetischen Spannung |
| **Euphemismus** (Beschönigung) | Hinweis auf Unaufrichtigkeit, taktisches Verhalten einer Figur etc. |
| **Ironie** (Äußerung, die durchblicken lässt, dass das Gegenteil des Gesagten gemeint ist) | Herabsetzung |
| **Hyperbel** (starke Über- oder Untertreibung) | Dramatisierung |
| **Klimax** (Steigerung, meist dreigliedrig) | Dramatisierung |
| **Metapher** (Verwendung eines Wortes in übertragener Bedeutung, verkürzter Vergleich) | Veranschaulichung und Intensivierung, z. B. des Charakterzuges einer Figur |
| **Onomatopoesie** (Lautmalerei) | Intensivierung des Vorstellungsvermögens des Lesers |
| **Rhetorische Frage** (Scheinfrage, bei der jeder die Antwort kennt) | Mobilisierung einer bestätigenden Reaktion des Lesers |
| **Paradoxon** (Zusammenstellung zweier Begriffe, die sich scheinbar widersprechen) | starker Anreiz zum Nachdenken |
| **Parallelismus** (Wiederholung gleicher syntaktischer Strukturen) | Dramatisierung, Intensivierung |
| **Repetitio** (Wiederholung) | Hervorhebung einer Charaktereigenschaft, einer zentralen Aussage des Textes etc. |

| Rhetorische Figur | Wirkung, die damit z. B. erzielt wird |
|---|---|
| **Personifikation** (Dingen werden menschliche Eigenschaften zugeschrieben) | z. B. Umkehrung von Subjekt (handelnder Figur) und Objekt (eigentlich passivem Naturgegenstand), um Handlungsohnmacht deutlich zu machen |
| **Symbol** (Gegenstand oder Handlung, der/die über die eigentliche Bedeutung hinaus zugleich eine übertragene Bedeutung hat) | Andeutung eines Sachverhalts, Veranschaulichung, Einladung an den/die Leser/in zum gedanklichen Mitgestalten des Textes |
| **Synästhesie** (Verbindung unterschiedlicher Sinneseindrücke in einer Formulierung) | Intensivierung, Markierung von Erlebnishöhepunkten |
| **Synekdoche/pars pro toto** (Teilbereich von etwas, der im Sinne des Ganzen verwendet wird) | z. B. Ausdruck von Hilflosigkeit, starker psychischer Anspannung einer Figur |
| **Tautologie** (Wiederholung eines Begriffs durch ein sinnverwandtes Wort) | Intensivierung, Signal von gedanklicher Ausweglosigkeit etc. |
| **Vergleich** | Veranschaulichung und Intensivierung |
| **Zeugma** (ungewöhnliche Zuordnung mehrerer Satzteile zu einem anderen) | Hinweis auf problematische Charakterzüge einer Figur etc. |

*Christoph Hein*

# Spaziergänge (1997)

*Christoph Hein ist 1944 in Schlesien geboren. In Sachsen aufgewachsen, hatte er als Sohn eines Pfarrers in der ehemaligen DDR unter Repressalien zu leiden. Er legte sein Abitur deshalb in Westberlin ab und kehrte zu Beginn der 60er Jahre nach Ostberlin zurück. Nachdem er sich einige Jahre mit wechselnden Jobs über Wasser gehalten hatte, ging er als Regieassistent an die Volksbühne. Christoph Hein hat sich seither im Osten wie im Westen als Dramatiker und Autor von Erzählungen und Romanen einen Namen gemacht, „Drachenblut" (1982) und „Der Tangospieler" (1989) gelten als Kultbücher.*

Am Freitag nach dem Mittagessen, als wir zwei freie Stunden hatten und im Park hinter dem Schülerheim herumlungerten, kamen zwei Mädchen und fragten mich, wie alt ich sei.

5 „Vierzehn", log ich.

„Na, siehst du", sagte eins der Mädchen zu ihrer Freundin.

„Ich habe gehört, du bist erst dreizehn, Johnny", sagte das andere Mädchen.

Ich antwortete ihnen nicht, sondern tat, als 10 wäre ich gelangweilt und würde lieber in meinem Buch weiterlesen.

„Kennst du Mareike?"

Ich nickte. Sie war mir aufgefallen, weil sie immer kurzärmlig herumlief, obwohl im 15 Schülerheim noch nicht geheizt wurde. Und außerdem hatte ich bemerkt, dass sie bei den gemeinsamen Mahlzeiten zu mir herübersah.

„Sie will mit dir befreundet sein."

„Mit mir? Wer sagt das?" 20

„Na, Mareike natürlich."

„Hat sie euch geschickt?"

„Wir wollen nur mal fragen."

„Ach so", sagte ich, „und warum kommt sie nicht selber zu mir?" 25

„Sollen wir ihr das sagen?"

Ich räusperte mich verlegen. Ich spürte, dass meine Hände feucht wurden.

„Warum will sie denn mit mir befreundet sein?" 30

„Na, warum schon? Sie ist in dich verschossen."

*Christoph Hein*

Die beiden Mädchen kicherten laut und ich wurde rot.

35 „Soll sie zu dir kommen?"

Ich nickte.

Die beiden Mädchen winkten aufgeregt zu Mareike hinüber, die an einem Baum lehnte und zu uns schaute. Da sie sich nicht von der
40 Stelle rührte, liefen die Mädchen zu ihr. Ich blieb auf der Bank sitzen und tat, als würde ich in meinem Buch lesen. Ich wusste nicht, was ich tun sollte, wenn Mareike wirklich zu mir kommen würde. Ich war sehr aufgeregt und
45 mir war ein bisschen schlecht. Ich hielt den Kopf gesenkt und starrte angestrengt über den Buchrand hinweg zu den drei Mädchen. Als Mareike plötzlich losging, beugte ich mich noch tiefer über mein Buch und sah erst auf,
50 als sie vor mir stand und mich ansprach.

„Du wolltest mich sprechen, Johnny?"

Vor Verlegenheit erhob ich mich und gab ihr die Hand. Dann setzte ich mich rasch.

„Nein, ich wollte dich nicht sprechen", stotterte
55 ich, „deine Freundinnen haben gesagt, na ja, sie haben gesagt, du willst mich sprechen."

Mareike setzte sich neben mich.

„Ich wollte dir nur sagen, du warst ganz toll, Johnny, vorgestern, als ihr gespielt habt."

60 „Du warst auch nicht schlecht. Ich meine, als ihr gespielt habt."

„Unser Stück war nicht so gut. Willst du Schauspieler werden?"

„Daran habe ich noch nie gedacht", sagte ich.
65 Ich war sehr stolz, dass sie mich danach fragte.

„Und du? Willst du Schauspielerin werden?"

„Nein. Ich tanze. Ich werde Tänzerin."

„Eine richtige Tänzerin?"

Sie nickte. Ich war sehr beeindruckt.

„Glaubst du mir nicht?" 70

„Doch", sagte ich rasch. Ich überlegte, was ich noch sagen könnte, aber mir fiel nichts ein, nichts Richtiges. Die Pause wurde endlos lang. Ich spürte, sie wartete darauf, dass ich endlich den Mund aufmachte. Mir war unbehaglich 75 und ich schwitzte.

„Wollen wir spazieren gehen?", fragte sie.

„Ich habe Zeit", sagte ich.

Ich ärgerte mich, weil mir das nicht eingefallen war. Wir liefen durch den Park, den 80 Kiesweg entlang. Ich sah nur manchmal verstohlen zu ihr. Wenn wir an ihren Freundinnen vorbeigingen, fragten die jedes Mal, ob Mareike nicht zu ihnen kommen wolle, und Mareike rief ihnen zu, sie sollten sich um sich 85 selber kümmern.

„Diese dummen Weiber", sagte sie zu mir, „los, wir gehen in den Wald. Dann haben wir vor denen Ruhe."

Sie fragte mich, in welche Klasse ich gehe, 90 aber da ich ihren Freundinnen gesagt hatte, dass ich schon vierzehn sei, sagte ich ausweichend, ich müsse noch ein paar Jahre zur Schule gehen, da ich das Abitur machen wolle.

„Abitur? Das ist nichts für mich. Ich bin froh, 95 wenn ich endlich die Penne verlassen kann. Und als Tänzerin braucht man kein Abitur."

Im Wald fragte sie mich, ob es mich störe, wenn sie mich „Johnny" nenne, und ich sagte, es sei mir gleichgültig. Sie erkundigte sich, ob 100 ich fände, dass sie zu dicke Beine habe. Bevor ich antworten konnte, lief sie zwei Schritte vor, drehte sich zu mir um und zog ihr Kleid so hoch, dass ich ihre Beine bis zu dem weißen Schlüpfer sehen konnte. 105

„Nein, dick sind sie nicht", brachte ich endlich heraus und schluckte.

Sie hielt das Kleid noch immer hoch, drehte sich vor mir hin und her und betrachtete ihre Beine. 110

„Na schön, ich habe keine dünnen Beine. Sie sind vielleicht kräftig, aber nicht dick. Und sie sind ganz gerade, siehst du das, Johnny?"

Ich wusste nicht, ob ihre Beine dick oder dünn waren, mir war so heiß, dass ich überhaupt 115 nicht denken konnte.

„Ich bin zufrieden mit meinen Beinen, die können sich sehen lassen. Und solche spindeldürren will ich nicht geschenkt haben. Ein bisschen Fleisch am Knochen muss schon 120 sein, sagt meine Mutter. Und eine Tänzerin braucht kräftige Beine. Jede Tänzerin hat kräftige Beine. Das sind Muskeln. Da kannst du anfassen, das ist alles fest."

125 Ich starrte stumm auf die rosa Borte an ihrer Unterhose und hoffte, sie würde wiederholen, dass ich ihre Beine anfassen soll. Sie hatte zwar so etwas geäußert, aber wahrscheinlich war das keine richtige Aufforderung gewesen,

130 sondern nur so dahin gesagt. Ich wusste nicht, ob ich mich einfach bücken und eine ihrer Waden oder gar einen Oberschenkel anfassen sollte. Sie ließ ihr Kleid fallen und erzählte etwas über die Muskeln von Tänzerinnen. Ich

135 konnte ihr nicht zuhören, weil mir das Blut in den Ohren rauschte. Während ich neben ihr her lief und sie weiter plapperte, beschimpfte ich mich im Stillen, weil ich nicht gleich zugegriffen hatte.

140 Auf dem Rückweg, noch bevor wir den Wald verließen, blieb sie plötzlich stehen und sagte: „Komm mal her, Johnny."
Ich ging einen Schritt auf sie zu und sah sie an, aber sie sagte nur: „Komm noch näher."

145 Ich machte noch einen Schritt und wartete. Sie sah mich an und schwieg, und ich überlegte, was sie jetzt von mir erwartete.
„Ich mag dich, Johnny."
„Ich mag dich auch, Mareike. Ich mag dich

150 sehr gern."
Ich spürte, dass nun etwas geschehen musste, aber Mareike sah mich nur an. Vielleicht sollte ich sie küssen, vielleicht wäre das aber auch ganz falsch, und ich würde alles kaputt-

155 machen, und sie wäre entsetzt über mich. So stand ich vor ihr und hoffte, sie würde sagen, was ich tun sollte.
„Wir müssen gehen", sagte sie, „wir kommen zu spät zur Probe."

160 Am nächsten Nachmittag gingen wir wieder in den Wald. Wir hatten uns nicht verabredet, aber wir trafen uns wie selbstverständlich nach dem Mittagessen im Park. Mareike redete un- aufhörlich, sie erzählte von ihren Tanzstunden

165 und von ihren Schulfreundinnen und sprach über Suhl, die Stadt, aus der sie kam. Manchmal fragte sie mich etwas und ich antwortete ihr, aber meistens schwieg ich, lief neben ihr her und hörte zu. Ich fragte sie, ob wir uns nicht hinsetzen

170 wollen, aber sie meinte, es sei dafür viel zu nass, und sie würde sich in dem Gras ihr Kleid dreckig machen und einen kalten Hintern kriegen.
„Und das sehen die Mädchen, das kannst du mir glauben. Wenn die auch allesamt blinde

Hühner sind, das sehen die genau. Und wie 175 die sich dann das Maul über uns zerreißen würden. Nee, lieber nicht."
Und dann sagte sie auf einmal zu mir: „Gib mir einen Kuss, Johnny."
Damit sie es sich nicht anders überlegte, 180 küsste ich sie rasch und hastig. Ich wollte ihren Mund küssen, aber ich traf ihn nicht ganz genau, meine Nase störte dabei.
„Na ja", sagte sie nur. Und dann fragte sie mich: „Hast du schon einmal eine Freundin gehabt?" 185
„Eine Freundin? Du meinst, so richtig?"
„Ja, natürlich."
„Nein, so richtig hatte ich noch keine Freun- din. Das war nur so, weißt du."
„Das merkt man, Johnny. Küssen kannst du 190 nicht. Da musst du noch viel lernen."
„Wenn ich will, kann ich richtig küssen", behauptete ich.
„Und warum willst du jetzt nicht?"
„Weiß nicht", sagte ich. 195
„Na, du bist ja ein komischer Heiliger", sagte sie, „bist du wirklich schon vierzehn? Claudia sagt, du bist erst dreizehn."
„Woher will die denn das wissen, diese dicke Nudel. Natürlich bin ich vierzehn. Ich bin 200 doch ein ganzes Stück größer als du."
„Das bedeutet nichts", sagte sie, „küssen kann ich jedenfalls richtig und du nicht."
Bevor wir ins Schülerheim zurückkehrten, versuchte ich, sie noch einmal zu küssen, 205 aber dabei bekam ich ihre Haare in den Mund, und sie behauptete, ich hätte sie mit der Zunge geleckt, und sie wischte mehrmals über ihre Lippen.
Am Sonntag hatten wir keine Proben. Nur die 210 Essenzeiten mussten wir einhalten, und eine Stunde nach dem Abendbrot sollte im Speise- saal getanzt werden. Einer der Lehrer hatte ein Tonbandgerät mitgebracht und einen Karton mit Tonbändern. Fräulein Kaczmarek 215 fragte beim Frühstück, wer mit ihr in die Gemäldegalerie gehen wolle. Mareike nickte mir zu, hob ihre Hand und schnipste mit den Fingern, und ich meldete mich ebenfalls. Der Junge neben mir stieß mich in die Seite und 220 sagte, dass wir doch zum Fußball verabredet seien und wieso ich mir die alten Schinken ansehen wolle, und ich sagte, dass ich mir beim Frühsport einen Fuß verknackst hätte und sowieso nicht mitspielen könne. 225
Wir waren ungefähr dreißig, die zur Gemälde- galerie fuhren, und natürlich waren alle fünf

Lehrer dabei, aber das störte mich nicht. In der Straßenbahn stand Mareike neben mir,
230 fasste nach meiner Hand und drückte sie fest. Das war mir angenehm und unangenehm zugleich, weil ihre Freundinnen zu uns starrten und sich über uns unterhielten.

Die Galerie war größer, als ich sie mir vorge-
235 stellt hatte. Von jedem Raum gelangte man in weitere Säle und Treppenflure. Es waren viele Besucher gekommen, und an der Kasse mussten wir uns anstellen, und auch bei manchen Bildern musste man warten, bevor man einen
240 Blick darauf werfen konnte. Es gab riesige Bilder mit Königen und Fürsten und Blumenvasen und ganz kleine mit Schlittschuhläufern und Hunden. Vor den Darstellungen mit den Helden der griechischen und römischen
245 Sagen erzählte ich Mareike die dazugehörige Geschichte, und sie hörte interessiert zu. Manchmal lauschten auch andere Besucher auf das, was ich sagte, dann machte mich Mareike darauf aufmerksam, und ich merkte,
250 wie stolz sie auf mich war. Nach einer Stunde hatte ich genug und Mareike ging es ebenso. Wir setzten uns auf die gepolsterte Bank in der Mitte eines Saals, und statt der Gemälde betrachteten wir die Besucher und machten
255 uns über sie lustig. Wenn wir zu laut wurden, kam eine der Frauen, die die Bilder bewachten, und forderte uns auf, ruhig zu sein. Unsere Gruppe von der Dramatischen Werkstatt war weitergegangen. Ich fragte Mareike,
260 ob wir nicht rausgehen wollten. Es war nicht einfach, das richtige Treppenhaus zu finden. Wir verliefen uns und wären einmal fast auf unsere Gruppe gestoßen.

Ich war vorausgegangen, um nach dem Aus-
265 gang zu suchen, als mich Mareike zurückrief. Sie stand vor einem großen Ölbild mit einer halbnackten Frau, die sich von einer Dienerin die Haare kämmen ließ.

„Wie findest du denn das?", fragte sie.
270 Ich ging an das Bild heran, um das Schild zu lesen. Die Frau hieß Bathseba, und ich zeigte Mareike den König David mit der Krone, der im Hintergrund zu sehen war, aber sie wollte die Geschichte von den beiden nicht hören.
275 „Wie findest du die Frau?"
„Das ist gut gemalt", sagte ich, „das Bild ist sicher unbezahlbar."
„Gefällt sie dir?"
„Na ja, ein bisschen dick für meinen Ge-
280 schmack."

„Und die Brüste?"
„Na ja. Sieh mal, der kleine Hund."
„Ist das aufregend für dich, wenn du ihre Brüste siehst, Johnny?"
„Aufregend? Ich weiß nicht. Aber es gefällt 285 mir gut."
Mareike stellte sich vor dem Bild auf, hob ihren linken Arm, den rechten legte sie über den Bauch. Dann drehte sie den Kopf zur Seite, genauso wie die Frau auf dem Bild. 290
„Und wie gefalle ich dir?"
„Du bist viel schöner, aber ..."
„Aber was? Ich habe zu viel an, meinst du?"
Ich nickte, und Mareike lachte auf und lief in den nächsten Saal hinein, sah sich kurz 295 um und ging weiter. Ich folgte ihr langsam. Sie stand vor einem Bild mit einer völlig nackten Frau, der „Schlummernden Venus", und betrachtete sie mit zusammengekniffenen Augen. 300
„Aber die Frau ist schön."
„Ja, die gefällt mir besser."
„Das kann ich mir denken, Johnny."
„Sie hat einen Bauch, siehst du."
„Jede Frau hat einen kleinen Bauch. Sieht 305 doch gut aus."

„Sie hat keine Haare. Ich meine, unter dem Arm hat sie keine Achselhaare."

„Sie hat auch keine Schamhaare. Hast du das nicht gesehen?"

„Natürlich habe ich das gesehen. Hat sie sich die wegrasiert oder hat die noch keine?"

„Ich weiß nicht, ob die sich damals schon die Haare wegrasiert haben. Sieht doch gut aus. Irgendwie raffiniert. Oder findest du es mit Haaren besser, Johnny?"

„Ich weiß nicht."

Ich dachte an Pille, an den kleinen rötlichen Pelz, von dem das Wasser abtropfte.

„Mit Haaren ist es auch schön", sagte ich nachdrücklich. Und weil mich Mareike überrascht ansah, fügte ich hinzu: „Meinst du, die hat wirklich geschlafen, als der sie gemalt hat?"

„Jedenfalls tut sie so. Ich glaube nicht, dass ich dabei schlafen könnte. Ich meine, wenn ich mich so malen lassen würde."

„Wenn du…? Würdest du dich so malen lassen?"

„Wenn es ein guter Maler ist, warum nicht?"

„Ich meine, so splitternackt, würdest du das tatsächlich tun?"

„Er dürfte mich natürlich nicht anfassen."

„Aber wenn das Bild fertig ist und er es ausstellt, dann würden dich alle so sehen, Mareike."

„Wäre das schlimm?"

„Ich weiß nicht. Also mir wäre das unangenehm. Dir nicht?"

„Ach, ich kann mich sehen lassen. Meinst du nicht, Johnny? Und außerdem sehen die doch nur mein Bild. Richtig nackt würde mich nur der Maler sehen, und der dürfte mich nicht berühren. Und wenn das Bild so schön wird wie das hier, werde ich berühmt."

„Von welchem Maler würdest du dich denn malen lassen?"

„Ich weiß nicht. Es müsste schon ein besonders guter sein. Schade, dass du kein Maler bist."

„Ich bin nicht schlecht im Malen. In Kunst hatte ich immer eine Eins."

„Das könnte dir so passen, Johnny, dass ich mich vor dir ausziehe."

„Das habe ich gar nicht gesagt."

„Aber du hast daran gedacht, das merke ich doch. Das merkt eine Frau."

„Ich habe nur gesagt, dass ich malen kann. Und das stimmt ja."

„Ich weiß genau, was du willst. Aber das kannst du dir an die Backe kleben. Komm, wir gehen."

## ARBEITSANREGUNGEN

1. **Endloser Traum**
   a) Nach den Ereignissen der letzten Tage hat Johnny einen endlosen Alptraum. Darin gestalten sich die ungemütlichen Situationen, in denen er sich befunden hat, in übertriebener Weise drastisch. Der Alptraum erscheint ihm deswegen endlos, weil die einzelnen Träume miteinander verkettet sind, d. h., wenn er nach einer furchterregenden Zuspitzung „aufwacht", befindet er sich sofort in der nächsten Traumszene, die dann wieder allmählich eskaliert und auf einen „schrecklichen" Höhepunkt zusteuert, an dem sich Johnny z. B. nicht mehr fortbewegen kann. Schreiben Sie eine Traum-Kette.
   b) Die Traum-Kette kann von Ihnen alleine geschrieben werden. Die Kettenglieder können aber auch arbeitsteilig verfasst werden; denn sie greifen meist problemlos ineinander. Achten Sie bei der Ausgestaltung eines Traums auf genaue Beschreibungen.

2. **Zum ersten Mal…**
   Erfinden Sie Geschichten mit Überschriften wie „Zum ersten Mal geküsst", „Erster Spaziergang zu zweit" etc. Sie können dabei eigene Erfahrungen aus der Kindheit als Anregungen nutzen.

3. **Erinnerung**
   Zehn Jahre später sitzen Johnny und die beteiligten Mädchen in verschiedenen Zügen. Sie sind auf dem Weg zu einem Klassentreffen/Schultreffen, bei dem sie sich wiedersehen werden. Schreiben Sie die Gedanken auf, die einer der beteiligten Figuren in der Rückerinnerung durch den Kopf gehen könnten.

4. **Schriftliche Analyse**
   a) Begründen Sie, inwiefern ein von Ihnen unter Arbeitsanregung 1 oder 3 geschriebener Text die Erzähllogik der Episode von Christoph Hein konsequent fortsetzt oder nicht. Argumentationshilfen finden Sie im ▷ Entscheidungsbaukasten, Seite 55.
   b) Schreiben Sie nun eine Analyse des Erzähltextes von Christoph Hein. Halten Sie sich dabei an die ▷ Arbeitsschritte zum Interpretationsaufsatz in der vorderen Umschlagklappe.

*Porträt Rainer Maria Rilke, Gemälde*
*von Paula Modersohn-Becker (1906)*

Rainer Maria Rilke

# Leise Begleitung (1898)

*Rainer Maria Rilke entstammte einer Prager*
*Bürgerfamilie. 1875 geboren, führte er, ver-*
*stört durch traumatische Schulerfahrungen,*
*ein unstetes Wanderleben durch ganz Europa,*
*das ihn mit den Geistesgrößen und Künst-*
*lern seiner Zeit zusammen brachte. Rilkes*
*poetisches Schaffen beeinflusste zahlreiche*
*Schriftstellerinnen und Autoren der Welt-*
*literatur. Seinem bahnbrechenden Roman*
*„Die Aufzeichnungen des Malte Laurids*
*Brigge" entstammt der ihn kennzeichnende*
*Satz: „Er war ein Dichter und hasste das Un-*
*gefähre".*

Die Mutter sitzt am Fenster und stickt. Gestern
und heute und morgen auch – alle Tage. Und
der Läufer ist noch kaum zur Hälfte fertig und
schon ganz welk. Es drängt eben nichts zur
5 Vollendung; kein Fest steht bevor, nirgends.
Oft träumen ihre Hände, und sie sieht ihnen
zu und denkt: Was werden sie tun? Da ist sie
lauter Erwartung, die blonde Frau. Aber die
Hände sind einfach müd und bleiben liegen
10 mitten im Weg. So ereignet sich nie etwas.
Höchstens, dass sie sich wieder weiter-

schleppen den gelben Kanevas[1] entlang. Wie
Pferde sind sie, welche an einem Quai Schiffe
stromaufwärts zerren. Und Schiffe sollten
doch in Freiheit fahren über die vielen Flüsse, 15
ins Meer, in alle Meere.
Heimlich aber ist Frau Beate ganz froh, dass
ihre Blicke so gebunden sind. Sie schickt sie
nicht gern im Zimmer umher, obwohl es reich
und behaglich ist und warm von September- 20
sonne. Sie sieht auch nicht auf, als ihr Sohn
eintritt. Er ist achtzehn, blond und blass. Sein
harter Mund widerspricht seinen Augen, die
ewig flehende sind. Und er scheint darin ver-
loren, diesem Streit zuzuhören – ohne Span- 25
nung, fast gewohnheitsmäßig. Einmal gibt er
dem Zorn Recht, einmal der Zagheit. Und dabei wird er immer unsicherer. Wer kann helfen? Der Vater hat nicht Zeit, und die Mutter
ist so, als müsse ihr selbst jemand helfen kom- 30
men. Man kann nicht zu ihr flüchten, man
läuft an ihr vorbei; sie ist zu wenig breit und
wird wie ein Mädchen alt.
Es gibt also keine Aussprache mit ihr.
Und der junge Mensch geht quer durch das 35
Zimmer der Tür zu.
„Adieu", sagt er und will gleichgültig aussehen.
Da erschrickt die Mutter und breitet schnell
ihre Seele aus, die wie ein Brautkleid ist: 40
duftende Vergangenheit. Doch was weiß
der Achtzehnjährige davon? Er geht drüber
hin mit seinen großen Sonntagnachmittag-
schritten, und die gutgeglätteten Parketten
knarren: Ich bin frei, ich bin frei ... So geht er. 45
Dann hört man ihn auf der Treppe. Es ist, als
ob seine Tritte sich nicht entfernten, sondern
zurückkehrten, nur leiser, ohne Trotz und mit
lauter Fragen. Und Frau Beate ist gerührt
und tut, als ob Miroslav wirklich wieder im 50
Zimmer wäre und ihr gegenüber säße wie
vor lange.
„Miro", träumt sie und streut die anderen
Worte langsam über den Kanevas hin, als
sollte sie daraus Arabesken bilden. 55
Ich habe gezählt, Miro. Es ist der fünfte Sonntag heute. Und hast du ihr schon in die Seele
geschaut, oder sie in deine? – Es wird sein
heute, wie viermal vorher: Erst geht ihr wieder
die Gassen entlang und seid Kinder an Froh- 60
sinn und Übermut. Bis eure Augen sich fragen:
Wann? Da wisset ihr beide: nicht hier – unter

1 **Kanevas:** Stramin, leicht durchbrochener, steif gestärkter
Handarbeitsstoff

den vielen Menschen. Es gibt ein stilles Plätzchen in einem Gasthausgarten – vielleicht.

65 Und in Laune und Leichtsinn beginnt ihr zu suchen. Und weil man sich leicht verliert zwischen den vielen vollen Tischen, habt ihr euch aneinandergedrängt beim Suchen. Bis sie irgendwo einen Witz hinter euch her-

70 werfen. Da lasst ihr euch los und geht lange nebeneinander hin, und wenn ihr euch wiederfindet, steht ihr mitten in einer leeren Kirche, in der der Weihrauchduft welk wird, und fragt euch: Wann?

75 Und ihr fühlt beide: nicht hier, wo es kalt und traurig ist. Jetzt kommen die Landstraßen. Da ist der Wind bald vor euch, bald hinter euch und nimmt euren Worten den Glanz. Ihr müsst euch in einem fort fragen: „Was?" und:

80 „Hast du etwas gesagt?" Und kein Ende hat die Allee. Ihr zögert mittendrin, beide dem Weinen nah: Wann?
Nicht hier.
Wie zwei, die sich hassen, trollt ihr neben-

85 einander – irgendwohin. Jedes von euch hat ein Zuhause und denkt leise daran, wie an etwas ganz Fernes.
Jetzt hat sie eine kleine Gittertür aufgedrängt und tritt vor dir in einen kleinen Garten. Du

90 zögerst. Du willst ihr nicht sagen: Es ist ein Kirchhof. Endlich sagst du es doch, etwas in dir sagt es rücksichtslos: Es ist ein Kirchhof. Sie nickt nur. Sie weiß es längst.
Und plötzlich findet ihr es beide ganz natür-

95 lich, dass es ein Kirchhof ist. Denn ihr wollt nichts mehr, als irgendwo ruhig sitzen dürfen vor lauter Müdigkeit.
Aber es wird schnell Abend.
Etwas beginnt herumzugehen zwischen den

100 Hügeln, immer wieder an euch vorbei. Man muss nicht lange fragen, was es ist, denn es ist sicher nur der Wind.
Keines von euch sieht auf. Ihr wartet, bis eine Uhr schlagen wird in der Stadt, denn dann

105 dürft ihr heim. Und ihr werdet dann zu nichts mehr Zeit haben. Im dunkeln Haustor vielleicht noch einmal – atemlos: Wann?
Nicht hier. – Und Angst und Abschied.
Es ist doch so, Miro?

110 Nein, es ist viel schlimmer. Die Furcht kommt dazu, dass jemand euch bemerkt haben kann, und die Hast, sich nicht im Abend zu verspäten. Und dann die Gefahr: Dass ihr selbst in Ermüdung und Mühsal nicht mehr unter-

115 scheidet, was ihr euch schenken wollt. Dass

ihr einmal in Verzweiflung nacheinander greift mit rohen ungeduldigen Händen – nur weil eure Seelen sich nirgends fassen können … und das ist das Ende.

Ich weiß das alles, Miro, wenn ich dich heim- 120 kommen seh. Und ich drehe vorsichtig die Lampe zurück.
„Sie hat gerußt", sage ich dem Vater. Und der Vater schilt, denn er will seine Zeitung lesen. Erst wenn du zu Bette gehst, schraube ich die 125 Lampe wieder hoch. Und da liest der Vater die Zeitung.
Wenn der Vater nicht wäre, Miro. Einmal am Sonntag würde ich diese Zimmer alle voll weißer Blumen stellen und fortgehen. Einmal 130 statt euch in die Schänkgärten gehen zu lassen und in die Kirchen und auf die Landstraßen durch lauter Wind. Was macht es mir? Ich kann auch ruhig auf dem Kirchhof bleiben, denn ich habe keine Angst – nicht davor. 135 Verstehst du, Miro? Dann beginnt Frau Beate zu trennen. Ein ganzes Stück Bordüre hat sie verdorben. Nach einer halben Stunde findet sie den Fehler und fängt von neuem an – ohne Ungeduld. 140
Nur eines träumt sie noch: „Und – dass sie mich lieb haben könnte – glaubst du?"
Dann bleibt sie über den Läufer geneigt – lange.
Bis der Vater eintritt und sagt: „Du wirst dir die 145 Augen verderben."
Da denkt sie: Es ist also acht Uhr, denn der Vater ist pünktlich.
Und sie hat wirklich ganz wunde Augen und ist blass und kann nichts essen von dem alten 150 Sonntagabendbrot.
Immer wieder fängt sie die ungeduldigen Blicke ihres Mannes auf, wenn sie von der Uhr zurückkommen, und besänftigt sie.
Ihre ganze Kraft verbraucht sie so, ihren 155 ganzen Willen.
Endlich um halb zehn ist sie zu Ende. Da nimmt der Vater die Zeitung, und schreit hinein: „Wo ist denn der Bub?"
Frau Beate erhebt sich leise. 160
Sie wartet im Treppenhaus, eine Viertelstunde und noch eine.
Dann eilt sie plötzlich hinab ein paar schweren, schuldigen Schritten entgegen.
Langsam, langsam kommt sie mit Miro herauf. 165
Er ist viel zu traurig und bang, um darüber zu staunen. Und so ist es eine Weile, als wären die beiden zusammen fortgewesen.

## ARBEITSANREGUNGEN

1. **Automatisches Schreiben**
   a) Wählen Sie ein instrumentales Musikstück aus, das Ihrer Meinung nach gut zu dieser Erzählung passt. Spielen Sie die Musik ziemlich laut ein und stellen Sie sich vor, wie sich Miroslaw, der junge Mann, in der dargestellten Situation wohl fühlt.
   b) Lassen Sie sich ganz auf die Musik ein und notieren Sie einzelne Wörter ohne Punkt und Komma und ohne Satzzusammenhänge. Achten Sie auf den „Film", der vor Ihrem inneren Auge abläuft, und fangen Sie das, was Sie sich vorstellen, möglichst konkret mit Substantiven, Verben und Adjektiven ein. Das „automatische Schreiben" gelingt Ihnen am besten, wenn Sie nach Beginn des Schreibens keinerlei Pause mehr machen. Wenn Ihre Vorstellungen stocken, schreiben Sie das letzte Wort einfach mehrmals, bis Ihr „innerer Film" wieder anfängt zu laufen.

2. **Perspektivenwechsel**
   a) Die Geschichte wird aus der personalen Perspektive der Mutter erzählt. Wechseln Sie die Perspektive und erzählen Sie die Geschichte aus der personalen Perspektive des Sohnes (in Er-Form).
   b) Den inneren, an den Sohn Miro adressierten Monolog der Mutter („Ich habe gezählt, Miro. ... Und hast du ihr schon in die Seele geschaut ...?") müssten Sie dabei umkehren. Es müsste jetzt ein innerer Monolog des Sohnes sein, der an Beate, die Mutter, adressiert ist.

3. **Titel-Cluster**
   a) Denken Sie in Gruppen über den Titel der Erzählung nach und schreiben Sie – als Zusammenfassung Ihres Gesprächs – einen Titel-Cluster. Darin soll deutlich werden, welche erzählerischen Grundlinien der Geschichte im Titel zusammengefasst werden.
   b) In Ihrem Cluster (vgl. Seite 19) können Sie passende Zitate aus dem Text zusammentragen, aber auch Bemerkungen, die einzelne Handlungsstränge zusammenfassen, außerdem Ideen zur Interpretation.

4. **Zeitsprung**
   a) Diese Erzählung ist 1898 geschrieben worden. Vollziehen Sie einen Zeitsprung und erzählen Sie die Geschichte neu, und zwar so, wie sie sich zu Beginn des 21. Jahrhunderts ereignen könnte.
   b) Ihre Neufassung können Sie vorbereiten, indem Sie zunächst in einer Tabelle auflisten, welche Änderungen nach dem Zeitsprung notwendig wären. Betrachten könnten Sie dabei:
   - die Familiensituation
   - die Beschäftigungen von Müttern an Sonntagen
   - das Verhältnis zwischen Eltern und Kindern
   - die Art, wie junge Verliebte miteinander umgehen
   - ...

| Mutter und verliebter Sohn 1898 | Mutter und verliebter Sohn 2001 |
|---|---|
|  |  |

   c) Überlegen Sie auch, wie sich die Sprache der Erzählung ändern müsste, um eine Situation zu Beginn des 21. Jahrhunderts zu erzählen.

5. **Schriftliche Analyse**
   Durch Ihre kreativen Vorarbeiten sind Sie den beiden Hauptfiguren der Erzählung, Mutter und Sohn, auf die Spur gekommen. Äußern Sie sich nun schriftlich zu diesen beiden Figuren und zu ihrem Verhältnis zueinander. Nutzen Sie zur weiteren gedanklichen und sprachlichen Präzisierung das nachfolgende Charakter-Profil. Weitere Hilfe gibt Ihnen das ▷ Methodentraining: Kommunikationsanalyse, Seite 37.

6. **Rhetorische Figuren**

Ordnen Sie den folgenden Zitaten aus dem Text „Leise Begleitung" entsprechende Fachbegriffe aus der ▷ Rhetorik-Tabelle auf Seite 21 f. zu.

a. „Gestern und heute und morgen auch …"

b. „kaum zur Hälfte fertig und schon ganz welk"

c. „kein Fest steht bevor, nirgends"

d. „Wie Pferde sind sie"

e. „über die vielen Flüsse, ins Meer, in alle Meere"

f. „blond und blass"

g. „breitet schnell ihre Seele aus"

h. „die wie ein Brautkleid ist"

i. „duftende Vergangenheit"

j. „in Laune und Leichtsinn"

k. „in der Weihrauchduft welk wird"?

l. „ein Zuhause und denkt leise daran, wie an etwas ganz Fernes"

m. „Es ist ein Kirchhof. … Es ist ein Kirchhof. … dass es ein Kirchhof ist"

n „die gutgeglätteten Parketten knarren"

o. „Bis eure Augen sich fragen: Wann?"

p. „Dann beginnt Frau Beate zu trennen"

q. „Etwas beginnt herumzugehen zwischen den Hügeln … es ist sicher nur der Wind"

7. **Schriftliche Wertung**

Machen Sie in einer schriftlichen Darstellung klar, warum der Text von Rilke besondere Anforderungen an den Leser stellt.

---

**INFOBLOCK**

**CHARAKTER-PROFIL**

In der Auseinandersetzung mit Erzähltexten geht es oft darum, dem Charakter einer handelnden Figur auf die Spur zu kommen. Oft kann man solche Texte nur dann hinreichend verstehen, wenn man die direkten, aber auch die nur andeutenden Äußerungen des Autors/der Autorin über wichtige Figuren genau erfasst und einordnet.

In dem folgenden Profil sind jeweils gegensätzliche Verhaltenseigenschaften zusammengestellt. Das Profil hilft Ihnen dabei, **Figurenbeschreibungen** gedanklich und auch sprachlich zu bewältigen. Nutzen Sie das Profil, um im Bereich der Figurenbeschreibung die Differenziertheit Ihres Ausdrucks zu verbessern!

Zugleich hilft Ihnen das Profil, Figuren für eigene kreative Texte oder Textergänzungen auszufantasieren und die richtige Mischung von Eigenschaften für sie zu finden.

**Persönliche Dynamik**

- aktiv/tatkräftig/rege/energisch/tüchtig
- vital/lebenslustig
- beharrlich/ausdauernd/hartnäckig/willensstark
- anspruchsvoll
- engagiert
- zielstrebig/zielbewusst
- gierig/begehrlich/lüstern
- ehrgeizig/strebsam
- erfolgreich
- interessiert
- langweilig
- wild
- leichtsinnig/leichtfertig
- draufgängerisch
- konsequent
- zerfahren/unkonzentriert
- aufgedreht

- lethargisch/passiv/antriebslos/träge
- dekadent
- willensschwach
- anspruchslos/bescheiden
- uninteressiert
- planlos/ziellos
- zufrieden
- resigniert
- gescheitert/erfolglos
- teilnahmslos
- interessant
- sanft
- kontrolliert
- vorsichtig/umsichtig
- inkonsequent
- konzentriert
- besonnen

## Gemütslage

- leidenschaftlich/lebhaft/temperamentvoll
- ausgeglichen/beherrscht/besonnen
- heiter/vergnügt/fröhlich

- phlegmatisch/leidenschaftslos
- cholerisch/launenhaft/aufbrausend/jähzornig
- melancholisch/schwermütig/trübsinnig/missmutig

## Selbstbewusstsein

- selbstständig/autonom
- selbstsicher
- nervenstark
- mutig/tapfer
- unterwürfig/willfährig
- unbekümmert

- unselbstständig/abhängig
- unsicher
- schreckhaft
- feige/hasenherzig
- rebellisch
- grüblerisch

## Moralische Ausrichtung

- charakterfest/charakterstark
- moralisch integer/gewissenhaft/skrupulös
- tugendhaft
- edelmütig
- ehrlich/aufrichtig
- pflichtbewusst
- verantwortungsbewusst
- dankbar
- treu
- sorgfältig

- charakterlos
- verdorben/skrupellos/gewissenlos/prinzipienlos
- verlottert
- schurkisch
- verlogen/unehrlich
- pflichtvergessen
- unverantwortlich
- undankbar
- untreu
- schluderig

## Geistige Fähigkeiten

- kenntnisreich
- intellektuell
- phantasievoll
- klug
- gebildet/kultiviert
- ideenreich
- reif
- geistreich
- naiv
- vernünftig
- einsichtig
- scharfsinnig
- charismatisch
- erfahren
- umsichtig
- präzise
- aufmerksam

- unwissend
- geistig schlicht
- ideenlos
- beschränkt/dumm
- ungebildet/unkultiviert
- ideenarm
- unreif/unerfahren
- geistlos
- überlegt
- töricht/irrational
- uneinsichtig/dickköpfig
- oberflächlich
- unauffällig
- unerfahren
- unbedacht
- phrasenhaft
- blind

*Fortsetzung auf Seite 32*

## Geistige Orientierung

- idealistisch
- lebensfremd/weltabgewandt
- praktisch interessiert
- kultiviert
- aufgeschlossen
- progressiv

- realistisch
- lebensnah
- theoretisch interessiert
- derb/unkultiviert
- engstirnig
- konservativ/reaktionär

## Emotionale Aspekte

- sensibel/empfindsam
- empfindlich
- dünnhäutig/erregbar
- kühl/cool
- munter/aufgeräumt
- strahlend
- fröhlich/heiter

- liebevoll/zärtlich

- hartgesotten/unsensibel
- dickfellig/robust
- abgebrüht/abgeklärt/unaufgeregt
- hitzig/leidenschaftlich
- müde/apathisch
- finster/schwermütig
- niedergeschlagen/depressiv/verzagt/ verdrossen/verbittert/mürrisch/griesgrämig/ grimmig/grüblerisch
- grob/gefühlskalt

## Soziale Aspekte

- anhänglich
- sympathisch
- gesellig
- gesprächig
- gutmütig/wohlwollend
- empfindsam/gefühlvoll/sentimental
- zuverlässig
- überlegen/souverän
- kriecherisch, servil
- ausgleichend/integrierend/integrativ
- offen/offenherzig
- tolerant
- aufgeschlossen/verständnisvoll
- angeberisch/selbstherrlich/hochnäsig/ arrogant/anmaßend
- neidisch/missgünstig
- gönnerhaft/freigebig
- uneigennützig
- hilfsbereit/gefällig
- gütig/edelmütig/hochherzig/nachsichtig/barmherzig
- streng
- gnadenlos
- nachgiebig
- friedlich
- versöhnlich/harmoniebedürftig
- freundlich/liebenswürdig/nett
- steif/zeremoniell

- bindungslos
- unsympathisch/abstoßend
- einzelgängerisch/vereinsamt/zurückgezogen
- zurückhaltend
- gehässig/boshaft/giftig
- unsentimental/empfindungslos
- unzuverlässig
- unterlegen
- herrisch/despotisch
- entzweiend/zersetzend/spalterisch
- hinterhältig/intrigant/verschlossen
- intolerant
- engstirnig/kleinlich/borniert
- bescheiden

- großzügig
- knauserig
- berechnend
- ungefällig/stoffelig
- nachtragend
- großzügig
- mitleidig
- streng/hartnäckig
- aggressiv/feindselig
- streitsüchtig
- unfreundlich/garstig
- unkompliziert

Nutzen Sie dieses Profil bei jeder Analyse eines erzählenden Textes. (Natürlich können Sie es auch bei der Analyse von Dramenfiguren oder bei der Filmanalyse gut verwenden.)

# 2 Haltbarkeitsdauer

Die „Haltbarkeitsdauer" von Beziehungen ist unterschiedlich lang. In den folgenden drei Erzähltexten steht – auf ganz unterschiedliche Weise – eine Beziehung auf dem Spiel.

*Kerstin Hensel*
## Lämmerdeern (1996)

*Kerstin Hensel, geboren 1961 in Chemnitz, absolvierte eine Ausbildung zur Krankenschwester, bevor sie ein Studium am namhaften Johannes-R.-Becher-Institut in Leipzig aufnahm. Sie arbeitete dort am Kinder- und Jugendtheater mit und auch an der Hochschule für Schauspielkunst in Berlin. Für ihre Erzählungen, Hörspiele, Dramen und Essays wurde sie mehrfach ausgezeichnet.*

Großmutter Untjelinas herabfallender Truhendeckel hatte Heilkeline beide Hände abgetrennt. Die Zwanzigjährige war sofort ohnmächtig geworden. Im Dorf sagte man, dass
5 sie nun erst recht keinen Kerl mehr abbekommen würde. So war es auch.
Nach dem Unfall aber kam der junge Klaas Krüithoff, angehender Schiffsbauer. Er brachte einen stählernen Haken und einen silbernen
10 Nietbolzen. Mittels Lederschlaufen, Schluppen und Schnallen wurden sie an Heilkelines Stümpfe gezurrt: rechts der Haken, links der Bolzen. So ausgestattet lernte Heilkeline in Stall und Haushalt umzugehen. Großmutter
15 Untjelinas Selbstvorwürfe – sie hätte die Aufsichtspflicht verletzt! – wurden von Jahr zu Jahr geringer: Die Enkelin hantierte geschickt. Sie leistete, was zu leisten war.
Nach einem Muschel-Essen waren die Eltern
20 gestorben. Die zehnjährige Heilkeline blieb bei Untjelina. Sie besaß einen Stall mit zwölf Schafen. Jährlich wurden sechs Lämmer geboren, jährlich sechs Tiere geschlachtet. Heilkeline half beim Melken und bei der
25 Schur. Mit ihrem Haken und ihrem Bolzen griff sie so geschickt nach den Zitzen, dass der Brouer'sche Hof bald berühmt wurde. Auch aus der Nachbarschaft kamen die Leute und glotzten Heilkeline an. Sie war ein Wunder,
30 obgleich hässlich, ein Krüppel der höheren Art. Aber man spannte sie gern ein, wenn es etwas zu tun gab, woran auch der gewiefte Bauer versagte. Besonders, wenn im Frühjahr Lammen auf der Tagesordnung stand, holte

man Heilkeline Brouer zur Unterstützung. Sie 35 spannte dann die mit Haken und Bolzen gerüsteten Handstümpfe zwischen die Hinterbeine der Zibben, drückte mit den Oberarmen nach und verschaffte somit dem Lamm eine unbeschwerte Ankunft auf Erden. Wenn 40 die Prozedur abgeschlossen war und man die Helferin nicht mehr benötigte, lachte oder schimpfte man sie in unflätiger Weise.
Tage vor Heilkelines 40. Geburtstag starb Großmutter Untjelina. 45
Heilkeline schneuzte sich in die Wolle eines Hammels, der die Trauer sanft mähend hinnahm. Jahre vergingen. Heilkeline erzählte den Tieren, was sie zu erzählen vermochte: die Geschichte von Großmutters Truhe. Dabei 50 blieb es. Geduldig waren die Schafe. Mitleidig die Dorfbewohner. Jan Ubbo, Sohn der Geschwister Antje und Ludger Tiddens, ein Schwachkopf, dem die Unterlippe auf das Kinn herabhing, besuchte manchmal die Frau 55 im Schafstall. Er setzte sich auf den Trogrand und schaute ihr bei der Arbeit zu. Heilkeline nahm den Besuch kaum wahr. Ihre Geschichte erzählte sie den Schafen. Am Vorabend ihres 70. Geburtstages wurde Jan Ubbo Tiddens 60 vom Bock gestoßen. Er fiel rückwärts in

das Futter und schrie vor Schmerz. Die alte Heilkeline hakte die Kralle in seinen Hosenbund und hievte den Töffel aus dem Heu. Jan Ubbo hing in ihren Armen. Sie spürte, wie es ihr warm durch den Körper lief. Diesem unbekannten Gefühl ging sie am Abend noch nach, als sie sich eine Kerze anzündete und einen Schnaps trank. Gratuliert hatte ihr keiner.

Am nächsten Tag beschloss Heilkeline Brouer zu sterben. Sie zog die Stallkluft aus und ein Kleid an. Haken und Bolzen zupften eine erträgliche Frisur zurecht. Sie polierte Schuhe und Stumpfschlaufen mit Lederfett. Ihr war kalt, aber so wollte sie nicht von der Erde. Sie zählte die Schafe. Es waren noch drei.

Sie brauchte kein Testament. Sie würde die Tiere noch zu Lebzeiten abgeben.

Aber nicht einfach so! dachte Heilkeline Brouer. Im Schlurfschritt bewegte sie sich zum Dorfplatz, wo es einen Glaskasten gab, darinnen man Angebote, Tauschgeschäfte und Neuigkeiten anschlagen konnte. Heilkeline hat einen Zettel geschrieben, worauf sie den Männern des Dorfes je ein Schaf als Geschenk anbot, unter der Bedingung, dass man sie dafür umarmen möge.

Schon am nächsten Tag stand Jan Ubbo Tiddens vor Heilkelines Tür. Sie ließ ihn ein. Kleine aufgeregte Flammen zuckten hinter ihrer Stirn. Sie führte den Mann am eisernen Ofen vorbei, worauf das Teewasser bullerte; schob ihn, mit dem Bolzen sanft in den Rücken stoßend, an die Wand und breitete die Arme aus. Jan Ubbo grinste. Er presste seinen schwerfälligen Leib an der der alten Frau. Heilkeline umfasste ihn. Klirrend berührten sich Haken und Bolzen. Jan Ubbo legte den Kopf auf Heilkelines Schulter. So war es gut.

Dann zog er mit dem gewonnenen Schaf ab. Vor Freude stieß er abwechselnd die Füße in die schwarze Gartenerde, dass die Klumpen flogen. Heilkeline saß am Ofen und trank Tee. Sie hat die Tasse zwischen die Stümpfe geklemmt, geschickt, die Lippen flatterten. Noch zwei Schafe besaß Heilkeline Brouer.

Am Nachmittag erschien Klaas Krüithoff, der es im Leben zum Schiffseigner geschafft hatte. Er besaß das Alter von Heilkeline und schüttelte fortwährend den Kopf, als wollte er ihr seine Missbilligung über das verrückte Angebot aussprechen. Erst nachdem er sich ein Schaf in Heilkelines Stall ausgesucht hatte, war er bereit für eine Umarmung. Heilkeline spürte den harten Bart im Gesicht. Des Mannes Wattejacke sendete die begehrte Wärme aus. Heilkeline empfing sie schwer atmend.

Klaas Krüithoff ging, kopfschüttelnd, das Schaf am Strick, über den Deich nach Hause. Heilkeline musste sich Zeit nehmen für das Sterben. Erst am nächsten Tag sah sie vor ihrem Fenster den Jungen: Evert de Vries, der halbwüchsige Nachbar, der nach der Schule bei Heilkeline anklopfte, die Schultasche in die Ecke warf und sagte:

– Mojen!

Er war größer als sie und reckte das Gesicht vom Kopf der Alten, damit er sie während der Umarmung nicht mit den Lippen berühre. Heilkeline umfing den Jungen. Es war, als würde das kochende Wasser vom Ofen in ihren Leib übergehen. Mit dem Bolzen der linken Hand krallte sie sich in den Haken der rechten fest. Eine Klammer, die Evert nicht mehr loslassen wollte. Aber er machte sich frei, indem er wie ein Aal an Heilkeline herunterrutschte. Das letzte Schaf, ein Lamm noch, gab sie freudig ab. Evert nahm es auf den Arm und stieg über den Torf nach Hause. Heilkeline Brouer löste mit dem Haken die Lederschlaufen am linken Arm und ließ die Prothese zu Boden fallen. Den linken Arm befreite sie von der Bolzenhand, indem sie mit ihren Zahnstummeln alle Schnallen und Bänder löste. Sie ging zum eisernen Ofen und öffnete mit dem Fuß die untere Klappe. Dann setzte sie sich und glühte aus.

## ARBEITSANREGUNGEN

### 1. Vorgeschichte

„Im Dorf sagte man, dass sie *nun erst recht* keinen Kerl mehr abbekommen würde."

Offensichtlich hat die Handlung dieser Erzählung eine Vorgeschichte. Schreiben Sie arbeitsteilig einige Episoden, die diesen Satz aus der Anfangsphase von Hensels Erzählung nachvollziehbar machen.

## 2. Sprachmusterverschiebung

„begehrte Wärme" – „als würde das kochende Wasser vom Ofen in ihren Leib übergehen" – „glühte aus"

Kerstin Hensel hat hier ein bestimmtes Wortfeld gewählt, um die Lebenssituation der Hauptfigur bildlich auszudrücken.

a) Überlegen Sie, welche anderen sprachlichen Muster die Situation der Hauptfigur ausdrücken könnten, hilfreich kann hierfür die Beschäftigung mit dem ▷ Haus der Stile, Seite 59 sein. Stellen Sie zunächst eine Liste von Sprachmustern zusammen, die Sie kennen, z. B.:

- Bedienungsanleitungen von Kühlschränken
- Packungsaufschriften von Alles- bzw. Sekundenklebern
- Packungsbeilagen von anregenden Medikamenten
- ...

b) Besorgen Sie sich anschließend Texte mit solchen sprachlichen Mustern.
Wählen Sie dann ein Muster aus und schreiben Sie Formulierungen heraus, die Ihrer Meinung nach die Erzählabsichten der Autorin unterstützen könnten.
Fügen Sie zum Schluss einige der gefundenen Formulierungen an passenden Stellen in den Text ein. Dabei können Sie Formulierungen der Autorin ersetzen oder Zusätze machen.

c) Lesen Sie den Text dann mit Ihren Veränderungen noch einmal vor. Die Zuhörerinnen und Zuhörer können den Originaltext mitlesen und werden interessiert darauf warten, wo Sie welche Änderungen vorgenommen haben.
Diskutieren Sie anschließend eingehend die Wirkung Ihrer Textveränderungen. Hilfestellungen für die Präsentation von Texten finden Sie im Rahmen der Projektbeschreibung ▷ Texte präsentieren auf Seite 52.

## 3. Schriftliche Sprachanalyse

Untersuchen Sie schriftlich die Sprache des ursprünglichen Textes von Kerstin Hensel. Wählen Sie dazu fünf für den Text aufschlussreiche Formulierungen aus und machen Sie ausführlich klar, wieso diese Formulierungen die hier dargestellte Situation treffend zum Ausdruck bringen.

## 4. Schriftliche Strukturbeschreibung

Beschreiben Sie mit Hilfe des ▷ Struktur-Profils in der rechten Umschlagklappe möglichst genau und vielschichtig die Erzählstruktur des Textes von Kerstin Hensel.

*Gabriele Wohmann*

# Flitterwochen, dritter Tag (1968)

*Gabriele Wohmann ist 1932 in Darmstadt geboren. Sie studierte Literatur und begann bereits in jungen Jahren zu schreiben. Für ihr Werk erhielt sie mehrfach hohe Auszeichnungen, darunter 1980 das Bundesverdienstkreuz I. Klasse.*

Reinhard am dritten Tag gegen fünf, auf der Bierkneipenterrasse: du wirst deine Arbeit aufgeben. Du wirst einfach kündigen. Es war fast windstill, die Luft feucht. Ich kam aber nicht ganz dahinter, ob es mir ⁵ richtig behagte. Ich starrte immer weiter den Mann mit der Warze an. Reinhard hob sein Glas, trank mir zu, mit irgendeinem Trinkspruch auf unsere Zukunft. Die Warze sah wie ein Polyp aus. Reinhard schlug ¹⁰ vor, so wie jetzt an der See auch später regelmäßig abends spazieren zu gehen. Ja. Warum nicht? Schließlich: die Wohnung mit ihrer günstigen Lage. Unterm Hemd

15 würde die Warze sich auch bemerkbar machen. Sie war mehr als einen Zentimeter lang. Seitlich vom Schlüsselbein stand sie senkrecht ab. Prost, Schatz, cheerio! Vielleicht, bei diesem Unmaß, hieß das nicht

20 mehr Warze, was ich immer noch anstarrte. Liebling, he! Wir sind getraut! Du und ich, wir zwei – was man sich so zunuschelt kurz nach der Hochzeit. Reinhards Lieblingsgerichte, dann meine. Durch die Fangarme

25 sah die Warze einer Narrenkappe ähnlich. Die Wohnung werden wir nach deinem Geschmack einrichten; der Garten – bloß Wildnis. Tee von Reinhards Teegroßhändler. Nett, so einig zu sein. Abwegiges Grau

30 der See, und mein zweites Glas leer. Die Oberfläche der Warze war körnig, wie die Haut auf Hühnerbeinen. Reinhard hat noch zwei Stella Artois[1] bestellt, ich fühlte nun doch ziemlich genau, daß es mir zu-

35 sagte, das Ganze, Bier, diese Witterung, dies bemerkenswerte Meer und unser Gerede über alles, zum Beispiel: Hauptsache, du bist dein blödes Büro los. Das schrundige Ding auf der Schulter, erstarrtes Feuerwerk,

40 stand nicht zur Debatte. Reinhard schützte wiedermal ein Schiff vor und starrte durchs Fernglas runter auf den Strand. Gewitter stand unmittelbar bevor, unser Zusammenleben auch, auch Abendspaziergänge, Tee-

bestellungen, Leibgerichte, die Warze war 45 immer noch sichtbar nun unterm Hemd, das der Mann anzog. Antonio Gaudi[2] hätte sie geträumt haben können. Reinhard redete, und ich habe eine Zeit lang nicht zugehört, weil ich – ich hätte schon ganz gern gewußt, 50 ob das nicht wehtat, wenn mehr als nur ein Hemd auf die Warze Druck ausübte. Organisation, Schatz, sagte Reinhard, und er ist nicht nur billiger beim Großhändler, es ist einfach besserer Tee. Weitere Stella Artois, die 55 Schwüle war mir recht, das Meer lieb und wert, egal Reinhards Seitensprünge durchs Fernglas. Der leicht bekleidete Krake, der vertrauliche Vielfuß, Verruca[3] die Warze. Freust du dich, Schatz? Reinhard war mir 60 jetzt näher. Auf alles, Schatz? Und was man so sagt. Es war nett.

Der Mann mit der neukatalanischen Warze bezahlte. Dann verstaute er sein Fernglas in einem etwas abgeschabten Lederetui. 65 Er stand auf. Da stand auch ich auf. Der Mann mit der Warze bahnte sich den besten Weg zwischen den Korbsesseln. Ich hinterher. Er brauchte nicht weiter auf mich zu warten, ich habe kaum gezögert, er wartete, wieder 70 mir zugekehrt, die Warze, das Wappen, er wartete, Reinhard wartete, mein Mann mit der Warze. [R]

1 **Stella Artois:** belgisches Bier

2 **Antonio Gaudi:** spanischer Architekt, lebte von 1852 bis 1926, fand eine persönliche Form des Jugendstils von höchster Originalität, den neukatalanischen Baustil. Bekanntes Werk: Kirche der Sagrada Familia in Barcelona

3 **Verruca:** Warze

---

## ARBEITSANREGUNGEN

1. **Metaplan**
   - Schreiben Sie auf eine Karteikarte/einen Zettel eine **Idee**, wie diese Geschichte verstanden werden könnte. Alle im Kurs machen dies gleichzeitig und haben dazu nur zwei Minuten Zeit.
   - Alle heften ihre Karten bzw. Zettel anschließend ungeordnet an eine Tafel oder Pinnwand (am besten mit Klebekrepppapier).
   - Unter der Leitung des Lehrers/der Lehrerin suchen alle nach **Oberbegriffen** für die auf den Karten/Zetteln genannten Ideen.
   - Die Karten/Zettel werden umgehängt und den Oberbegriffen zugeordnet.
   - In einer Gruppe werden die Ideen, die einem Oberbegriff zugeordnet wurden, intensiv diskutiert und weiterentwickelt. Dabei können auf weiteren Karten/Zetteln Zusatzideen notiert werden. Andere Gruppen wenden sich weiteren Oberbegriffen und den zugeordneten Karten/Zetteln zu.
   - Die Ergebnisse der Gruppenarbeit werden allen mitgeteilt.
   - Abschließend werden alle Karten/Zettel wieder ausgehängt, damit sie allen für die weitere Arbeit zur Verfügung stehen.

**2. Telefonat**

Nach dem dritten Tag ihrer Flitterwochen telefoniert die Ich-Erzählerin abends mit ihrer Freundin zu Hause. Entwerfen Sie schriftlich einen Dialog zwischen der Ich-Erzählerin und der Freundin, in der beide die Ereignisse des Tages „durchkauen".

**3. Denkblasen**

Reinhards Gedanken sind in der Erzählung weitgehend ausgeblendet. Legen Sie drei Textstellen fest und schreiben Sie jeweils eine für die Stelle passende Denkblase, so wie sie in Comics vorkommen. Die Denkblasen, die Sie Reinhard zuschreiben, sollten allerdings erheblich ausführlicher als in Comics sein und präzise auf die Situation eingehen, in der sich Reinhard gerade befindet.

**4. Schriftliche Analyse**

Greifen Sie einen Aspekt der Metaplan-Übersicht heraus und weisen Sie den dort notierten Sachverhalt im Einzelnen in der Geschichte Gabriele Wohmanns nach. Achten Sie dabei auf ein korrektes Zitierverfahren (vgl. die ▷ Zitate-Schere auf Seite 61)

**5. Kommunikationsanalyse**

a) Analysieren Sie die Art und Weise, wie Reinhard und die Ich-Erzählerin in diesem Text miteinander kommunizieren. Nutzen Sie zunächst das nachfolgende Methodentraining Kommunikationsanalyse.

b) Untersuchen Sie dann die folgenden Äußerungen Reinhards:
- „... du wirst deine Arbeit aufgeben. Du wirst einfach kündigen."
- „Die Wohnung werden wir nach deinem Geschmack einrichten ..."
- „Hauptsache, du bist dein blödes Büro los."
- „Freust du dich, Schatz?"

c) Welche Beziehungsbotschaften (Botschaften, in denen eine Figur zu erkennen gibt, wie sie ihr Verhältnis zu einer anderen Figur sieht) schwingen Ihrer Meinung nach über das Gesagte hinaus in diesen Äußerungen Reinhards mit?

d) Schreiben Sie zum Schluss eine Kommunikationsanalyse zu „Flitterwochen, dritter Tag" und verwenden Sie darin möglichst viele Begriffe aus der Kommunikationslehre.

---

## METHODENTRAINING

### KOMMUNIKATIONSANALYSE

Da in Erzähltexten Figuren oft miteinander reden und dabei intensiv aufeinander reagieren, sind einige Begriffe der Kommunikationslehre hilfreich, um das Verhältnis literarischer Figuren zueinander zu beschreiben.

### VERHÄLTNISBILD

Ergänzen Sie weitere Faktoren, die dazu führen können, dass eine angenommene Person A in Gesprächssituationen gegenüber einer Person B eine superiore (überlegene) Position einnehmen kann.

**Persönlichkeitsabhängige Faktoren:**
- Redegewandtheit
- Breite des Wortschatzes
- Kenntnisstand
- Fähigkeit, Stimmung zu verbreiten
- ...

**Soziale Faktoren:**
- soziale Rolle
- soziale Schicht
- ...

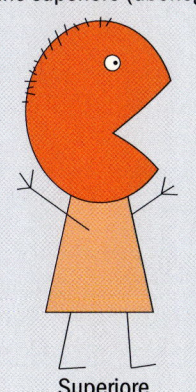

Superiore Position

**Konsequenzen für:**
- Themenvorgabe
- Redeanteile
- Gesprächsatmosphäre
- ...

A in viel stärkerem Maße als B

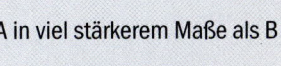

**Komplementäre Kommunikationssituation (Vermachtung)**

Inferiore Position

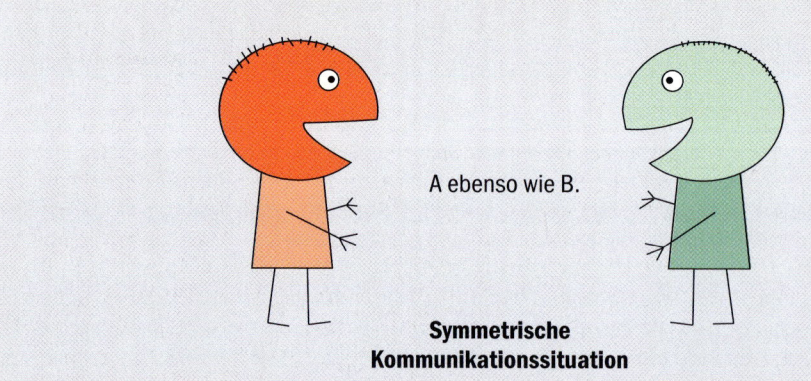

A ebenso wie B.

**Symmetrische
Kommunikationssituation**

Wenn A und B sich darüber unterhalten, auf welche Weise sie miteinander reden, betreiben sie *Meta-kommunikation*.

STICHWORTBILD

Wählen Sie einen der Erzähltexte in diesem Band aus (evtl. einen, den Sie bereits erarbeitet haben) und stellen Sie das Verhältnis der Figuren zueinander in einem ähnlichen Stichwortbild dar. Integrieren Sie möglichst viele der oben genannten Gesichtspunkte und Fachbegriffe in dieses Bild.

BEZIEHUNGSBOTSCHAFTEN

**Äußerung** Frau: „Wieder mal super!"

**Inhaltsaspekt**

*„Das finde ich nicht gut, dass du schon wieder nicht aufgepasst hast."*

**Beziehungsaspekt**

...

**Handlungszusammenhang**

*Ihr Mann hat aus Versehen eine Vase heruntergeworfen, in die sie in den letzten Jahren immer wieder frische Blumen gestellt hat.*

Setzen Sie die Liste der möglichen Beziehungsbotschaften fort, die in der Äußerung der Frau ebenfalls mitschwingen könnten:

● Du nimmst schon lange keine Rücksicht mehr auf das, was mir wichtig ist.
● ...

*Italo Calvino*

# Arbeiterehe (1960)

*Calvino wurde 1923 in San Remo geboren und starb 1985 in Siena. Nach dem Studium der Philosophie und Literatur wurde er Verlagslektor bei Einaudi. Sein Werk wurde mit zahlreichen Preisen ausgezeichnet und in alle Weltsprachen übersetzt.*

Der Arbeiter Arturo Massolari hatte Nacht-schicht; sie endete um sechs Uhr morgens. Der Heimweg war weit. In der schönen Jahreszeit legte er ihn mit dem Fahrrad
5 zurück, in den regnerischen und winterlichen Monaten fuhr er mit der Straßenbahn. Er kam zwischen Viertel nach sechs und Viertel vor sieben zu Hause an, das heißt mal etwas früher, als der Wecker für seine Frau Elide
10 rasselte, mal etwas später.
Beide Geräusche, das Schrillen des Weckers und die Schritte des Mannes, verbanden sich in Elides Wahrnehmung oft zu einem ein-zigen, das in die Tiefe ihres Schlafs hinunter-
15 fand, in den festen Morgenschlaf, den sie, das Gesicht ins Kissen gedrückt, bis zur letzten und allerletzten Sekunde auszukosten trach-tete. Erst dann richtete sie sich tastend im Bett auf und fuhr mit halbgeschlossenen Augen in
20 die Ärmel ihrer Hausjacke, während ihr noch die Haare ins Gesicht hingen. So erschien sie in der Küche, wo Arturo gerade die leeren Behälter aus der Tasche, die er zur Arbeit mitzunehmen pflegte, hervorkramte und ins
25 Spülbecken legte: Brotbüchse, Thermosfla-sche … Den kleinen Ofen hatte er schon angezündet und den Kaffee daraufgestellt. Sobald er Elide ansah, strich sie sich unwill-kürlich das Haar aus der Stirn und riss
30 mühsam die Augen auf, als schämte sie sich jedes Mal ein wenig, dass sie ihrem Mann, der eben nach Hause gekommen war, diesen Anblick bot: unordentlich und mit ver-schlafenem Gesicht. Wenn zwei Menschen
35 zusammen geschlafen haben, ist das etwas anderes, dann tauchen sie morgens gemein-sam aus dem Schlummer auf und keiner hat dem anderen etwas voraus.
Zuweilen kam es auch vor, dass er mit der
40 Kaffeetasse in der Hand an ihr Bett trat und sie weckte, eine Minute bevor die Uhr schrillte. Dann war alles viel natürlicher, die Anstren-gung des Wachwerdens war vermischt mit einer schmerzlichen Süße, die bloßen Arme, die sie noch unbewusst empor gestreckt hatte, 45 schlangen sich wie von selbst um den Nacken des Mannes. Sie küssten sich. Arturo trug noch die Windjacke, und wenn sie diese berührte, wusste sie, wie das Wetter war, ob es regnete, ob es neblig war, ob Schnee fiel. 50 Dennoch fragte sie jedes Mal: „Wie ist das Wetter?"
Und er fing daraufhin murmelnd an zu er-zählen, halb ironisch; er berichtete von den Widrigkeiten, die ihm begegnet waren, von 55 der Fahrt auf dem Rad, welches Wetter ihn erwartet hatte, als er aus dem Fabriktor trat – ein ganz anderes Wetter als am Abend zuvor bei Beginn der Nachtschicht –, Einzelheiten über die Arbeit, von dem, was er beim Weg- 60 gehen gehört hatte, und so weiter.
Um diese Zeit war die Wohnung noch nicht viel wärmer, doch Elide stand nun, ausge-zogen und ein wenig zitternd, in dem kleinen Badezimmer und wusch sich. Er folgte ihr, 65 zog sich ebenfalls aus, mit mehr Ruhe, und spülte sich bedächtig Staub und Öl der Arbeitsstunden ab. Schließlich standen sie beide am Waschbecken, stießen einander gelegentlich in die Seite, nahmen einander 70 die Seife aus der Hand, die Zahnpasta und fuhren fort, sich das zu sagen, was gesagt werden musste. Dabei kam manchmal ein Augenblick echter Vertrautheit und Vertrau-

75 lichkeit auf, und zuweilen wurde aus einer helfenden Geste, dem Abtrocknen des Rückens etwa, eine Zärtlichkeit, und sie umarmten sich.

Dann aber rief Elide auf einmal: „Lieber Gott, 80 wie spät es schon ist!"

Und sie lief, den Strumpfhalter zu befestigen, den Unterrock anzuziehen, in aller Eile, und schon fuhr sie sich mit der Bürste durchs Haar, das Gesicht dem Spiegel über der Kommode 85 entgegengestreckt, Haarnadeln zwischen den Lippen. Arturo trat hinter sie; er hatte sich eine Zigarette angezündet und sah sie an, rauchend, und jedes Mal schien er sich ausgesprochen unbehaglich zu fühlen, dass er so 90 dastehen musste, ohne etwas tun zu können. Bald war sie fertig und warf im Korridor den Mantel über die Schultern. Sie gaben sich noch einen Kuss, Elide öffnete die Tür, und schon hörte er sie die Treppe hinunterrennen.

95 Arturo blieb allein zurück. Wenn das Geklapper von Elides Absätzen auf den Steinstufen verhallt war, folgte er ihr in Gedanken, stellte sich vor, wie sie eilig über den Hof trippelte, zum Tor hinaus, den Bürgersteig entlang zur 100 Haltestelle der Straßenbahn. Die Bahn konnte er dann wieder deutlich hören: wie sie kreischend anhielt und wie das eiserne Gitter hinter jedem einsteigenden Fahrgast zuschlug.

Na also, sie hat die Bahn erwischt, dachte er, 105 und er sah seine Frau vor sich, eingezwängt zwischen den Arbeitern und Arbeiterinnen auf einer Sitzbank der Linie II, die Tag für Tag eine neue Schicht zur Fabrik fuhr. Arturo löschte das Licht, schloss die Fensterläden, 110 machte ganz dunkel, ging zu Bett.

Das Bett war noch so, wie Elide es verlassen hatte, trotzdem wirkte es auf seiner, Arturos, Seite unberührt, als wäre es eben erst gemacht worden. Hier legte er sich hin. Er kroch tief 115 unter die Decke, doch bald schon streckte er ein Bein dort hinüber, wo noch etwas von der Wärme seiner Frau zu spüren war; wenig später folgte das andere Bein, und so rückte er nach und nach ganz auf Elides Seite, in jene 120 sanfte Höhlung, die ihr Körper geformt hatte; er drückte das Gesicht in ihr Kissen, in ihren Duft und schlief ein.

Wenn Elide abends heimkam, strich Arturo schon einige Zeit in der Wohnung umher. Er 125 hatte wieder Feuer im Ofen gemacht, irgend etwas zum Kochen daraufgestellt. In diesen Stunden vor dem Abendessen erledigte er ein paar bestimmte Arbeiten: Er richtete das Bett, fegte das Zimmer, weichte Wäsche ein. Elide behauptete dann, er habe alles verkehrt 130 gemacht, und, um die Wahrheit zu sagen, er strengte sich auch nicht sonderlich an. Was er da tat, war nur eine Art Ritus der Erwartung, als ginge er ihr entgegen, obwohl er zu Hause blieb. Draußen flammten indessen die Lichter 135 auf, und Elide ging an den Läden entlang, inmitten jener Geschäftigkeit auf den Straßen, die das Kennzeichen all der Stadtviertel ist, wo die meisten Frauen erst abends einkaufen können. 140

Endlich hörte er ihren Schritt auf der Treppe, der jetzt ganz anders klang als am Morgen: schwer von der Müdigkeit nach einem langen Arbeitstag und von der Last der Einkäufe. Arturo trat auf den Podest im Treppenhaus, 145 nahm ihr die Bürde ab, und während sie hineingingen, wechselten sie die ersten Worte. Elide warf sich, ohne erst den Mantel auszuziehen, auf einen Stuhl in der Küche, und er nahm die Päckchen aus der Einkaufstasche. 150 Nach einer Weile raffte sie sich auf, sagte: „Na, dann also los!", stand auf, zog den Mantel aus und band sich eine Schürze um. Nun machten sie sich daran, das Essen zuzubereiten: das Abendbrot für beide und den Proviant für ihn, 155 für die Pause um ein Uhr nachts, und das Frühstück für sie, das sie am nächsten Morgen in die Fabrik mitnehmen würde, und einen Imbiss für ihn, den er vorfinden sollte, wenn er nachmittags aufwachte. 160

Sie war dabei oft ein wenig unlustig, setzte sich am liebsten in den Korbsessel und sagte ihm, was er tun solle. Er dagegen war in dieser Stunde gut ausgeruht; er werkte herum, wollte alles selbst erledigen, war dabei aber etwas 165 zerstreut, in Gedanken schon woanders. Das waren die Augenblicke, wo sie häufig beinahe in Streit gerieten, wo es vorkam, dass sie sich ein böses Wort sagten, wo sie fand, er könne etwas besser achtgeben auf das, was er tat, 170 oder sich ein bisschen um sie kümmern, zu ihr kommen, sie trösten. Er hingegen dachte, nach der ersten Begeisterung darüber, dass sie da war, schon an das, was ihm bevorstand, und dass er sich beeilen müsse. 175

Wenn dann der Tisch gedeckt war und alles griffbereit lag, sodass man nicht mehr aufzustehen brauchte, kam der Augenblick, der ihnen beiden ins Herz schnitt: Ihnen wurde bewusst, wie wenig Zeit sie füreinander 180 hatten, und es wollte ihnen kaum gelingen, den Löffel zum Mund zu führen, weil sie sich am liebsten die Hände gehalten hätten.

Dann, noch war der Kaffee nicht gänzlich getrunken, sah er schon nach seinem Rad. Sie küssten sich. Arturo schien es, dass er noch nie so deutlich gespürt hatte, wie zart und voller Wärme seine Frau war. Doch er nahm das Fahrrad auf die Schulter und stieg vorsichtig die Stufen hinunter.

Elide wusch das Geschirr ab, räumte die ganze Wohnung auf, betrachtete kopfschüttelnd, was ihr Mann vollbracht hatte. Nun fuhr er durch die dunklen Straßen, von Laternenschein zu Laternenschein, hinter dem Lichtkegel seiner eigenen Lampe her; vielleicht war er schon beim Gaswerk. Elide ging zu Bett, löschte das Licht. Abend für Abend streckte sie einen Fuß aus, zum Platz ihres Mannes hinüber, um seine Wärme zu suchen, doch jedes Mal stellte sie fest, dass es wärmer war, wo sie selbst lag. Nun wusste sie, dass auch Arturo hier geschlafen hatte. Und das erfüllte sie mit großer Zärtlichkeit.

## ARBEITSANREGUNGEN

### 1. Flussdiagramm

Bereiten Sie mit einem Flussdiagramm (flow chart) eine gedanklich klare Inhaltswiedergabe der Erzählung vor. In einem Flussdiagramm machen Sie sich klar, wie die einzelnen Handlungsschritte einer Erzählung aufeinander folgen und wie sie ineinander greifen.

In einem solchen Diagramm können Sie während einer genauen Lektüre des Textes:

- mit Linien, Pfeilen usw. einen Handlungsgang nachzeichnen und dabei das Verhältnis der Personen zueinander ausdrücken,
- in die Linien Stichworte zu zentralen Handlungsmomenten einfügen,
- in einer Zeitleiste eintragen, zu welchen Zeitpunkten alles geschieht.

Setzen Sie das folgende Flussdiagramm zu Calvinos Erzählung fort:

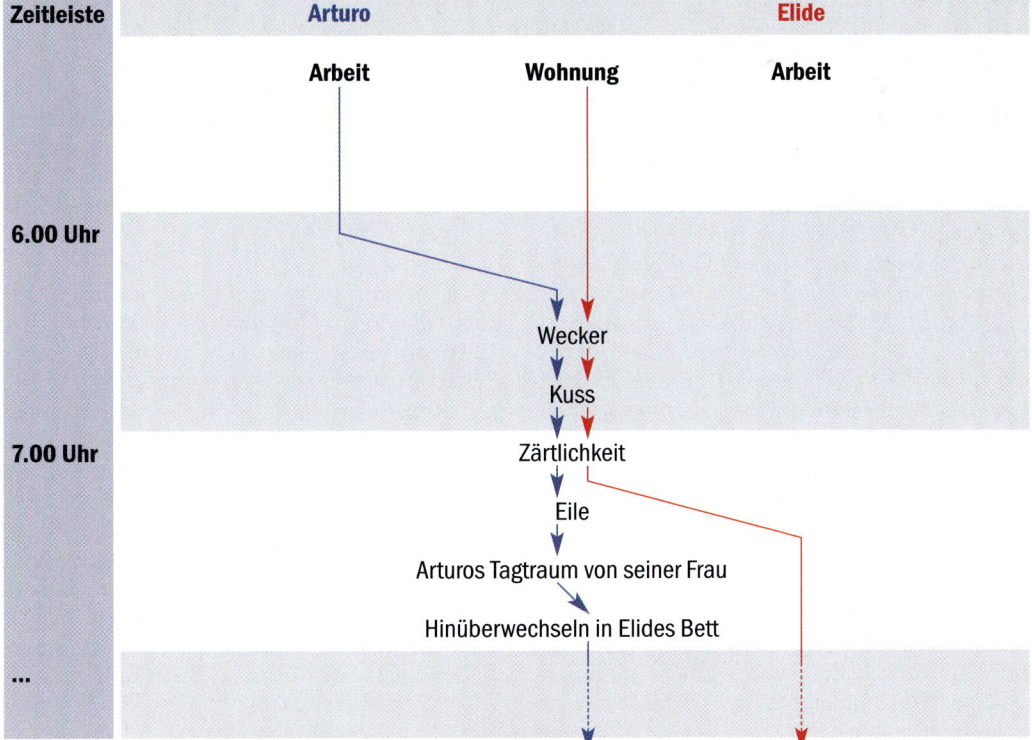

2. **Schriftliche Darstellung des Erzählgangs**

Stellen Sie nun schriftlich in Form einer Inhaltswiedergabe den gedanklichen Aufbau der Erzählung dar. Das Flussdiagramm kann Ihnen helfen, diese Aufgabe zügig und präzise zu erledigen.

3. **Stichwortbild**

Stellen Sie visuell dar, wie die beiden Hauptfiguren in dieser Erzählung Nähe und Ferne erleben. Zeigen Sie z. B. mit zeichnerischen Mitteln oder in einigen Stichworten, was die beiden Hauptfiguren unternehmen, um während der Arbeitszeiten, die beide immer wieder auseinanderreißen, Zusammengehörigkeit zu empfinden.

# 3  Irreparabel

Es gibt Umstände, unter denen eine Beziehung kaum (noch länger) möglich ist. Die drei folgenden Texte zeigen, wie unterschiedlich Schriftstellerinnen und Schriftsteller diesen Aspekt des Themas gestalten können.

*Alexander Kluge*

## Ein Liebesversuch (1962)

*Alexander Kluge, geboren 1932 in Halberstadt, ist promovierter Jurist. Er entdeckte früh seine Leidenschaft für den Film und ist als Regisseur, Produzent und Drehbuchautor einer der führenden Vertreter des gesellschaftskritischen „Neuen deutschen Films". Seine Produktionsfirma zeichnet für ein unabhängiges, informationsorientiertes Dokumentationsprogramm verantwortlich (Spiegel TV Magazin, Stern TV u. a.). Sein filmisches wie auch sein literarisches Werk ist vielfach hochrangig ausgezeichnet worden.*

Als das billigste Mittel, in den Lagern Massensterilisationen durchzuführen, erschien 1943 Röntgenbestrahlung. Zweifelhaft war, ob die so erzielte Unfruchtbarkeit nachhaltig war. Wir führten einen männlichen und einen weiblichen Gefangenen zu einem Versuch zusammen. Der dafür vorgesehene Raum ⁵

war größer als die meisten anderen Zellen, er wurde mit Teppichen der Lagerleitung ausgelegt. Die Hoffnung, dass die Gefangenen in ihrer hochzeitlich ausgestalteten Zelle dem Versuch Genüge leisteten, erfüllte sich nicht. ¹⁰

Wussten sie von der erfolgten Sterilisation? Das war nicht anzunehmen. Die beiden Gefangenen setzten sich in verschiedene Ecken des dielengedeckten und teppichbelegten Raumes. Es war durch das Bullauge, das der Beobachtung von außen diente, nicht zu erkennen, ob sie seit der Zusammenführung miteinander gesprochen hatten. Sie führten jedenfalls keine Gespräche. Diese Passivität war deshalb besonders unangenehm, weil hochgestellte Gäste sich zur Beobachtung des Versuchs angesagt hatten; um den Fortgang des Experiments zu beschleunigen, befahl der Standortarzt und Leiter des Versuchs, den beiden Gefangenen die Kleider fortzunehmen. ¹⁵ ²⁰ ²⁵

30 Schämten sich die Versuchspersonen?
Man kann nicht sagen, dass die Versuchspersonen sich schämten. Sie blieben im Wesentlichen auch ohne ihre Kleidung in den bis dahin eingenommenen Positionen, sie
35 schienen zu schlafen. Wir wollen sie ein bisschen aufwecken, sagte der Leiter des Versuchs. Es wurden Schallplatten herbeigeholt. Durch das Bullauge war zu sehen, dass beide Gefangenen auf die Musik
40 zunächst reagierten. Wenig später verfielen sie aber wieder in ihren apathischen Zustand. Für den Versuch war es wichtig, dass die Versuchspersonen endlich mit dem Versuch begannen, da nur so mit Sicherheit festgestellt
45 werden konnte, ob die unauffällig erzeugte Unfruchtbarkeit bei den behandelten Personen auch über längere Zeitabschnitte hin wirksam blieb. Die am Versuch beteiligten Mannschaften warteten in den Gängen des
50 Schlosses, einige Meter von der Zellentür entfernt. Sie verhielten sich im Wesentlichen ruhig. Sie hatten Weisung, sich nur flüsternd miteinander zu verständigen. Ein Beobachter verfolgte den Verlauf des Geschehens im
55 Innenraum. So sollten die beiden Gefangenen in dem Glauben gewiegt werden, sie seien jetzt allein.
Trotzdem kam in der Zelle keine erotische Spannung auf. Fast glaubten die Verantwort
60 lichen, man hätte einen kleineren Raum wählen sollen. Die Versuchspersonen selbst waren sorgfältig ausgesucht. Nach den Akten

mussten die beiden Versuchspersonen erhebliches erotisches Interesse aneinander empfinden. 65

Woher wusste man das?
J., Tochter eines Braunschweiger Regierungsrates, Jahrgang 1915, also etwa 28 Jahre, mit arischem Ehemann, Abitur, Studium der Kunstgeschichte, galt in der niedersäch 70
sischen Kleinstadt G. als unzertrennlich von der männlichen Versuchsperson, einem gewissen P., Jahrgang 1900, ohne Beruf. Wegen P. gab die J. den rettenden Ehemann auf. Sie folgte ihrem Liebhaber nach Prag, 75
später nach Paris. 1938 gelang es, den P. auf Reichsgebiet zu verhaften. Einige Tage später erschien auf der Suche nach P. die J. auf Reichsgebiet und wurde ebenfalls verhaftet. Im Gefängnis und später im Lager versuchten 80
die beiden mehrfach, zueinander zu kommen. Insofern unsere Enttäuschung: Jetzt durften sie endlich, und jetzt wollten sie nicht.

Waren die Versuchspersonen nicht willig?
Grundsätzlich waren sie gehorsam. Ich möch 85
te also sagen: willig.

Waren die Gefangenen gut ernährt?
Schon längere Zeit vor Beginn des Versuchs waren die in Aussicht genommenen Versuchspersonen besonders gut ernährt worden. 90
Nun lagen sie bereits zwei Tage im gleichen Raum, ohne dass Annäherungsversuche festzustellen waren. Wir gaben ihnen Eiweißgallert aus Eiern zu trinken, die Gefange 95
nen nahmen das Eiweiß gierig auf. Oberscharführer Wilhelm ließ die beiden aus 100
Gartenschläuchen anspritzen, anschließend wurden sie wieder, frierend, in das Dielenzimmer geführt, aber 105
auch das Wärmebedürfnis führte sie nicht zueinander.
Fürchteten sie die Freigeisterei, der sie 110
sich ausgesetzt sahen?
Glaubten sie, dies

*Alexander Kluge (links) im Gespräch mit einem Mitarbeiter bei Dreharbeiten in der Volksbühne, Berlin*

wäre eine Prüfung, bei der sie ihre Moralität zu erweisen hätten? Lag das Unglück des Lagers wie eine hohe Wand zwischen ihnen?

Wussten sie, dass im Falle einer Schwängerung beide Körper seziert und untersucht würden?
Dass die Versuchspersonen das wussten oder auch nur ahnten, ist unwahrscheinlich. Von der Lagerleitung wurden ihnen wiederholt positive Zusicherungen für den Überlebensfall gemacht. Ich glaube, sie wollten nicht. Zur Enttäuschung des eigens herangereisten Obergruppenführers A. Zerbst und seiner Begleitung ließ sich das Experiment nicht durchführen, da alle Mittel, auch die gewaltsamen, nicht zu einem positiven Versuchsausgang führten.

Wir pressten ihre Leiber aneinander, hielten sie unter langsamer Erwärmung in Hautnähe aneinander, bestrichen sie mit Alkohol und gaben den Personen Alkohol, Rotwein mit Ei, auch Fleisch zu essen und Champus zu trinken, wir korrigierten die Beleuchtung, nichts davon führte jedoch zur Erregung.

Hat man denn alles versucht?
Ich kann garantieren, dass alles versucht worden ist. Wir hatten einen Oberscharführer unter uns, der etwas davon verstand. Er versuchte nach und nach alles, was sonst totsicher wirkt. Wir konnten schließlich nicht selbst hineingehen und unser Glück versuchen, weil das Rassenschande gewesen wäre. Nichts von den Mitteln, die versucht wurden, führte zur Erregung.

Wurden wir selbst erregt?
Jedenfalls eher als die beiden im Raum; wenigstens sah es so aus. Andererseits wäre uns das verboten gewesen. Infolgedessen glaube ich nicht, dass wir erregt waren. Vielleicht aufgeregt, da die Sache nicht klappte.

*Will ich liebend Dir gehören,*
*kommst Du zu mir heute Nacht?*

Es gab keine Möglichkeit, die Versuchspersonen zu einer eindeutigen Reaktion zu gewinnen, und so wurde der Versuch ergebnislos abgebrochen. Später wurde er mit anderen Personen wieder aufgenommen.

Was geschah mit den Versuchspersonen?
Die widerspenstigen Versuchspersonen wurden erschossen.

Soll das besagen, dass an einem bestimmten Punkt des Unglücks Liebe nicht mehr zu bewerkstelligen ist?

## ARBEITSANREGUNGEN

1. **Brainwriting**
   Bei der Analyse von Texten kann man auch mit einigen gruppendynamischen Schreibmethoden gut vorankommen. Zum Beispiel kann es im Brainwriting um eine schriftliche Ideenfindung zur Textanalyse gehen.
   ● Das folgende Brainwriting nach der Methode 415 läuft nach festen Regeln ab:
   **4** Personen sollen in Formularen mit 4 verschiedenen Fragen je
   **1** Idee skizzieren, und das in jeweils etwa
   **5** Minuten.

| Fragestellung:<br><br>Wieso ist der Text besonders wirkungsvoll? | Gruppenmitglieder |
|---|---|
| Ideen: | von: |
|  | 1: |
|  | 2: |
|  | 3: |
|  | 4: |

**Der Ablauf** − Nach der Lektüre des Textes sitzt eine Vierergruppe um einen Tisch herum. Jedes der vier Gruppenmitglieder erhält ein Arbeitsblatt. Die Blätter weisen im Kopf vier verschiedene Fragestellungen auf:

I. Welche Aspekte des Themas stehen hier im Vordergrund?

II. Inwiefern passt die Machart des Textes zu seiner Aussage?

III. Wieso ist der Text besonders wirkungsvoll?

IV. Welche einzelnen Formulierungen des Autors sind aufschlussreich für den gesamten Text?

● Nach der Lektüre des Textes beginnen alle gleichzeitig, auf ihrem Blatt in der ersten Spalte eine Antwort auf die gestellte Frage einzutragen. Anschließend kann man in der gleichen Spalte am rechten Seitenrand unterschreiben. Nach fünf Minuten werden die Blätter im Uhrzeigersinn weitergegeben. Der Nächste in der Runde notiert nun in der zweiten Spalte eine Idee und unterschreibt anschließend. Nach weiteren fünf Minuten geht das Formular eine Station weiter usw. Diejenigen, die als zweite, dritte und vierte eintragen, können sich von den Notizen ihrer Vorgänger/innen anregen lassen, deren Ideen fortführen, aber auch ganz neue Wege gehen.

● Zum Schluss tragen die Gruppen ihre Ergebnisse im Plenum vor und stellen sie zur Diskussion. Hilfreiche Hinweise für die Präsentation von Texten finden sich im ▷ Teil C, Seiten 52 – 62.

## 2. Figurenbrief

Der Versuchsleiter schreibt seiner Frau/Freundin, die nie in diesem Lager gewesen ist, abends einen Brief. Überlegen Sie genau,

● wie der Versuchsleiter sich darin zu seiner Tagesbeschäftigung äußern könnte und

● welche Sprache er dabei verwenden würde.

## 3. Schriftliche Analyse

a) Nehmen Sie einen der Brainwriting-Bögen mit den Zahlen II, III oder IV zur Hand. Prüfen Sie alle Eintragungen noch einmal kritisch und schreiben Sie dann − konzentriert auf die spezielle Fragestellung ihres Bogens − eine Analyse des Textes. Verwenden Sie dabei möglichst viele Textbelege und nutzen Sie die ▷ Zitate-Schere auf Seite 61.

b) Begründen Sie schriftlich Inhalt und sprachliche Mittel Ihres Figurenbriefes.

*Birgit Vanderbeke*

# Frau und Kinder verderben das Leben des Vaters (1997)

*Birgit Vanderbeke, geboren 1956 im brandenburgischen Dahme, wuchs in Frankfurt am Main auf, wo sie Rechtswissenschaften und Romanistik studierte. Seit 1994 lebt sie mit ihrer Familie als freie Schriftstellerin in Südfrankreich. Für ihre erste Erzählung, „Das Muschelessen", wurde sie 1990 mit dem Ingeborg-Bachmann-Preis ausgezeichnet. Seitdem hat sie eine Reihe vielgelobter Bücher geschrieben; das letzte davon, „Alberta empfängt einen Liebhaber", ist ein Bestseller.*

[...] meine Mutter muss ihm eine ständige Enttäuschung gewesen sein, sie hat zwar so lustig getan, wenn er kam, um halb sechs, aber da ist sie vorher noch schnell im Bad verschwunden; meine Mutter hat zu ihrem Unglück feine, weiche Haare, und wenn sie abgespannt ist, fallen die Haare trotz Dauerwelle in sich zusammen und sehen traurig aus, um kurz vor halb sechs ist sie also ins Bad verschwunden und hat sie gekämmt, so gut sie konnte, toupiert; sie ist nicht geschickt im Toupieren gewesen, weil es sie nicht interessiert hat, sie

5

10

hat nicht gefunden, dass das Schöne ausge-
rechnet eine toupierte Frisur sein muss, und
15 da hat es manchmal auch nichts genützt,
wenn sie die Haare toupiert und mit Haarspray besprüht hat, man konnte gleich sehen,
dass sie in Wirklichkeit ziemlich in sich zu-
sammengefallen waren, und das Haarspray
20 hat auch nicht geholfen; und Lippenstift hat
sie sich schnell auf die Lippen gemalt, und
weil alles so schnell hat gehen müssen, ist es
oft passiert, dass sie dann, wenn sie die Tür
aufgemacht hat, und mein Vater ist rein-
25 gekommen, Lippenstift an den Zähnen hatte,
und das hat meinem Vater allergründlichst die
Stimmung verdorben, der Anblick, weil die
Damen in seinem Büro, die Sekretärin zum
Beispiel, dagegen die reinste Augenweide
30 geboten haben. Einmal hat er an einem
Wochenende am Fenster gestanden, und es
sind ihm die Tränen gekommen, wie er vorm
Haus gesehen hat, dass die Jungen Fußball
gespielt haben, mein Vater hat nämlich auch
35 Fußball gespielt als Junge, sehr gut sogar, mein
Vater hat alles, was er gemacht hat, sehr gut
gemacht, und er hat da die Jungen spielen
sehen, mein Bruder hat auch mitgespielt, und
mein Bruder ist nicht sehr gut in Fußball
40 gewesen, er hat eigentlich nur linkisch und
ungeschickt am Rand herumgestanden und
gehofft, dass die anderen ihn vergessen und
ihm bloß keinen Ball zuschießen, manchmal
ist er zum Schein ein paar Schritte in eine ganz
45 falsche Richtung gerannt, damit es nicht so
aussähe, als wäre er festgewachsen am Rand,
und als mein Vater am Fenster gestanden hat,
hinter der Esszimmergardine, hat er gesehen,
wie linkisch und ungeschickt mein Bruder
50 sich angestellt hat, und dass er sich geradezu
schrecklich vor diesem Fußball gefürchtet hat,

mein Vater hat sogar gesagt, der rennt ja noch
weg vor dem Ball, und ihm sind die Tränen
gekommen, das soll mein Sohn sein, hat er zu
meiner Mutter gesagt, das ist doch die reinste 55
Enttäuschung, und es hat meinem Bruder
auch nichts genützt, dass er gut Volleyball
spielen konnte, das ganze Trainieren, er hat
sich sehr angestrengt, die Enttäuschung ist
eben zu groß gewesen bei meinem Vater, er hat 60
das Weiche nicht ausstehen können, das
Weichliche, das mein Bruder und meine
Mutter gehabt haben, geblümte Existenzen,
hat er gesagt, weil er sportlich war und sportliche Ideale hatte, wettstreiterische, er hat zu 65
seinen sportlichen Idealen auch competition
gesagt, und es ist mein Glück gewesen, dass
ich auch sportlich war, weil er angenommen
hat, dass ich damit auch sportliche Ideale und
competition hätte, was aber nicht der Fall 70
gewesen ist, er hat das aber nicht gleich
gemerkt, und so habe ich ihm wenigstens
nicht durch Unsportlichkeit das Leben verdorben, sondern durch krumme Beine, die ich
von ihm geerbt habe, aber bei einem Mann 75
und Fußballer sind sie nicht schlimm, während sie bei einem Mädchen unverantwortlich
katastrophal aussehen, außerdem Pickel, obwohl ich immer in der Schule gut war, den
Ehrgeiz hast du von mir, hat mein Vater ge- 80
sagt, aus dir wird mal was, tu mir bloß den Gefallen, dass wenigstens aus dir mal was wird,
und ich bin auch wirklich sehr ehrgeizig gewesen und habe immer Einsen geschrieben
und auf dem Zeugnis nach Hause getragen, 85
weil ich in keinem Fall wollte, dass es mir geht,
wie es meinem Bruder gegangen ist, der meinem
Vater mit seinen Vieren total das Leben verdorben hat, und das hat er sich nicht gefallen lassen, mein Vater, dass seine Brut ihn blamiert. 90

## ARBEITSANREGUNGEN

### 1. Matrix

Die folgende Matrix hilft Ihnen, die Besonderheiten eines Textes zu erfassen und über Bezüge zwischen verschiedenen Textphänomenen nachzudenken.

Ein wichtiger Aspekt von Textanalysen sind Bezüge zwischen Inhalt und Darstellungsweise. Die folgende Matrix bildet diese beiden Textebenen in einem mathematischen Koordinatensystem ab.

Sie können die Matrix alleine oder in Gruppen ausfüllen. Notieren Sie links in den Feldern der **Y-Achse** inhaltliche Stichwörter zum Vanderbeke-Text. Tragen Sie in die Felder der **X-Achse** Aspekte oder Methoden der Darstellung ein. Kreuzen Sie dann im Koordinatenfeld an, welche Inhalte durch welche Mittel umgesetzt wurden. Je mehr Notizen Sie auf der X- und Y-Achse machen, desto mehr gewinnen Sie an gedanklichem Spielraum, der es Ihnen ermöglicht, den Erzähltext zu erschließen.

Falls Sie Anregungen zur X-Achse (Darstellungsweise) benötigen, können Sie das ▷ Struktur-Profil in der hinteren Umschlagklappe zu Rate ziehen.

Nun können Sie nacheinander jedes inhaltliche Moment gedanklich auf die Darstellungsaspekte beziehen. Überlegen Sie, ob die Darstellung den Inhalt in irgendeiner Weise unterstützt. Machen Sie in den entsprechenden Feldern Notizen, wenn Sie Ideen haben, was bestimmte Inhalts- und Darstellungsaspekte des Textes miteinander zu tun haben könnten.

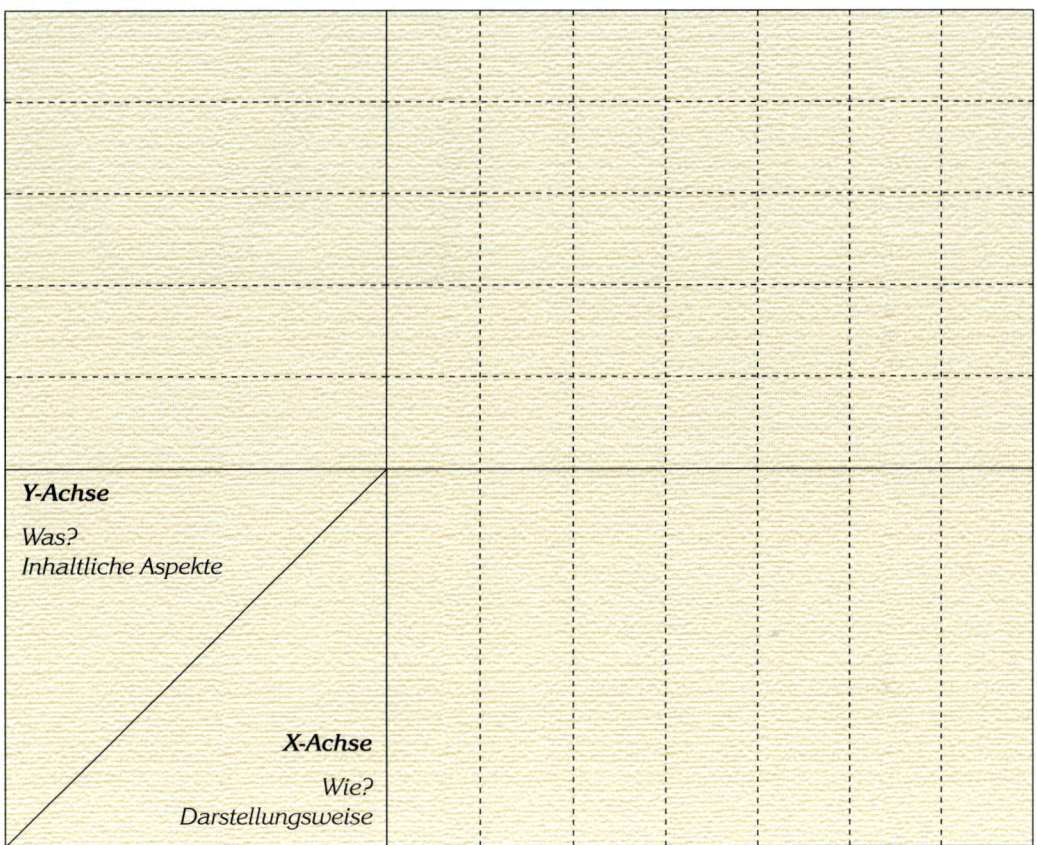

*Y-Achse*

*Was?*
*Inhaltliche Aspekte*

*X-Achse*

*Wie?*
*Darstellungsweise*

2. **Schriftliche Analyse**
   Gestalten Sie die Stichworte Ihrer Matrix nun zu einem Aufsatz aus. Erklären Sie darin möglichst genau die Wirkung der Darstellungsmittel, die Birgit Vanderbeke für den Text gewählt hat.
3. **Tagebucheintragung**
   a) Der Text ist aus der Sicht der Tochter erzählt. Wechseln Sie die Erzählerin aus: Wie stellt sich die Geschichte aus der Sicht der Mutter dar?
   - Wählen Sie dazu folgende Schreibsituation: Die Mutter erinnert sich an dieselben Sachverhalte wie die Tochter und macht in einer ruhigen halben Stunde eine Eintragung in ihr Tagebuch.
   b) Überlegen Sie:
   - Wie könnte sich die Wahrnehmung der Vorgänge verändern?
   - Wie könnte sich damit auch die Darstellungsweise wandeln?
   c) Schreiben Sie den Text dann in eine Tagebucheintragung um.
   - Begründen Sie anschließend schriftlich Ihre Änderungen in Inhalt und Darstellungsweise, die Sie gegenüber dem Ausgangstext vorgenommen haben.

*Ray Bradbury*
# Das wär's gewesen

*Ray Douglas Bradbury wurde 1920 in Waukegan in Illinois (USA) geboren. Er schrieb außer Sciencefiction-Geschichten und -Romanen auch Horror- und Fantasy-Geschichten. In seinem 1953 erschienenen Buch „Fahrenheit 451", einem Science-fiction-Roman, beschreibt Bradbury einen Staat, in dem Bücher verboten sind und die Massen von Fernsehwänden und im Ohr getragenen Radiomuscheln pausenlos berieselt werden. Guy Montag, der Held des Romans, wendet sich von dieser Lebensform ab, während Mildred, seine Frau, umso mehr in ihr aufgeht.*

„Was wird denn heute Nachmittag gegeben?", fragte er matt.

Sie schaute nicht einmal auf. „Ich habe hier ein Stück, das in zehn Minuten im Wand-an-
5 Wand-Funk kommt. Man hat mir heute Vormittag meine Rolle geschickt. Ich hatte ein paar Gutscheine eingesandt. Bei dem Stück, wie es geschrieben wird, ist eine Rolle ausgelassen. Es ist eine neue Idee. Die Hausmutter, das bin ich,
10 die fehlende Rolle. Wenn die ausgelassenen Zeilen drankommen, schaut alles von den drei Wänden her auf mich, und ich spreche dann die betreffenden Zeilen. Hier sagt z. B. der Mann: ‚Was hältst du davon, Helene?‘, und er
15 schaut auf mich hier in der Bühnenmitte, verstehst du? Und ich sage dann, ich sage –" Sie suchte mit dem Finger nach der Zeile. „,Ich finde es gut!‘ Und dann geht das Stück weiter, bis er sagt: ‚Bist du nicht auch der Meinung,
20 Helene?‘, und ich sage: ‚Aber gewiss doch.‘ Ist das nicht ein Mordsspaß, Guy?"

Er sah sie vom Flur her an.

„Das macht doch Spaß", wiederholte sie.

„Wovon handelt das Stück?"
25 „Hab ich dir ja eben erzählt. Es kommen Leute drin vor, Bob und Ruth und Helene."

„Ach so."

„Es ist wirklich ein Heidenspaß, und noch mehr Spaß wird es machen, wenn wir es uns
30 einmal leisten können, die vierte Wand einzurichten. Wie lange, glaubst du, müssen wir noch sparen, bis wir die vierte Wand herausreißen und eine Fernsehwand einsetzen lassen können? Kostet ja nur zwei-
35 tausend Dollar."

„Das ist ein Drittel meines Jahreseinkommens."

„Kostet ja nur zweitausend Dollar", wiederholte sie. „Und ich finde, du könntest ab und
40 zu auch einmal auf mich Rücksicht nehmen. Wenn wir eine vierte Wand hätten, dann wäre es doch, als gehörte dieses Zimmer gar nicht uns, sondern allen möglichen fremdländischen Leuten. Wir könnten das ja an ein paar
45 andern Dingen einsparen."

„Wir schränken uns schon genügend ein, um die dritte Wand abzuzahlen. Sie ist erst vor zwei Monaten eingerichtet worden, weißt du noch?"

„Ist es noch nicht länger her?" Sie betrachtete
50 ihn eine Weile. „Also dann auf Wiedersehen."

„Wiedersehen", sagte er. Im Gehen wandte er sich nochmals um. „,Geht es glücklich aus?"

„Ich bin noch nicht so weit gekommen."

Er trat zu ihr hin, überflog die letzte Seite,
55 nickte, klappte das Manuskript zu und reichte es ihr wieder. Dann ging er in den Regen hinaus.

[...]

Wie wird man bloß so hohl?, fragte er sich.
60 Wer holt es aus einem heraus? [...]

Nun, stand denn nicht eine Wand zwischen ihm und Mildred, wenn man es bedachte? Buchstäblich nicht nur eine Wand, sondern vorläufig deren drei! Und dazu noch teuer.
65 Und diese Onkels, diese Tanten, die Vettern und Basen, die Nichten und Neffen, die in diesen drei Wänden lebten, das ganze schnatternde Pack von Affen, das nichts sagte,

70 nichts, nichts, und es laut sagte, laut, laut. Er hatte sie von Anfang an „die Verwandtschaft" getauft. „Wie geht es Onkel Ludwig heute?" – „Wem?" – „Und Tante Friede?" Wenn er an Mildred dachte, dann dachte er gleichsam an
75 ein kleines Mädchen, das in einen Wald ohne Bäume geraten war (wie traumhaft), oder eher an eines, das sich in einem Flachland verirrt hatte, wo einst Bäume gestanden hatten (man spürte noch ringsum eine Erinnerung an ihre
80 Gestalt), und mitten im Wohnzimmer saß, in welchem die Wände ständig mit Mildred sprachen, ganz gleich, wann er hereinkam.
„Es muss etwas geschehen!"
„Ja, etwas muss geschehen!"
85 „Es gilt zu handeln!"
„Ich platze fast vor Wut!"
Wovon handelte das alles? Mildred vermochte es nicht zu sagen. Wer hatte eine Wut auf wen? Mildred wusste es nicht genau.
90 Was sollte geschehen? Halt dich in der Nähe, sagte Mildred, und du wirst es erfahren.
Er hatte sich in der Nähe gehalten, um es zu erfahren.
Ein Donnergetöse entlud sich von den
95 Wänden. Musik drang mit solcher Lautstärke auf ihn ein, dass es ihm fast die Knochen ausrenkte; er spürte seinen Unterkiefer wackeln und die Augen im Kopf. Die reine Gehirnerschütterung. Als alles vorbei war, kam es ihm
100 vor, als habe man ihn von einer hohen Klippe heruntergestoßen, als sei er auf einem Teufelsrad herumgewirbelt und in einen Wasserfall hinausgeschleudert worden, um in eine Leere hinabzustürzen und nie – ganz – auf Grund –
105 zu stoßen – nie – nie – ganz – nein, nicht ganz – auf Grund – zu stoßen ... und man stürzte so rasend, dass man auch an den Seiten nicht anstieß – nie – ganz – auf irgend etwas – stieß. Das Getöse verklang. Die Musik erstarb.
110 „Das wär's gewesen", sagte Mildred.
Und es war in der Tat bemerkenswert. Etwas war geschehen. Obwohl die Leute in den Wänden des Zimmers sich kaum von der Stelle gerührt hatten und eigentlich nichts
115 erledigt worden war, hatte man den Eindruck, jemand habe eine Waschmaschine angestellt oder einen in ein gewaltiges Vakuum hineingesaugt. Man ertrank in Musik und Missklang. Schweißbedeckt hatte er das Zimmer
120 verlassen, einem Zusammenbruch nahe. Hinter ihm saß Mildred auf ihrem Stuhl und die Stimmen setzten wieder ein.

„Jetzt wird alles wieder gut", sagte eine der Tanten.
„Das ist noch nicht ganz raus", widersprach 125 ein Vetter.
„Sei nur nicht ungehalten!"
„Wer ist ungehalten?"
„Du!"
„Ich?" 130
„Du bist böse auf mich!"
„Warum sollte ich böse sein auf dich?"
„Deshalb!"
„Alles gut und schön", rief Montag, „aber worüber sind sie denn böse? Wer sind 135 überhaupt diese Leute? Wer ist dieser Mann und wer ist diese Frau? Sind sie verheiratet oder geschieden oder verlobt oder was sonst? Du lieber Himmel, es ist überhaupt kein Zusammenhang da." 140
„Die beiden –", begann Mildred. „Nun, sie – sie bekamen Streit, weißt du. Sie streiten sich den ganzen Tag herum. Du solltest es dir anhören. Ich glaube, sie sind verheiratet. Ja, sie sind verheiratet. Warum?" 145
Und wenn es nicht die drei Wände waren, die sich bald zu vier Wänden auswachsen sollten, damit der Traum vollkommen sei, dann war es der offene Wagen, den Mildred mit hundertfünf- zig Stundenkilometern durch die Stadt fuhr, 150 und wenn er ihr etwas zuschrie, schrie sie et- was zurück, ohne dass sie einander verstanden. „Bleib wenigstens auf dem Minimum!", schrie er. „Wie?", schrie sie zurück. „Bleib auf achtzig, dem Minimum!", schrie er. „Auf was?", kreisch- 155 te sie. „Die Geschwindigkeit", suchte er zu er- klären. Und sie ging auf hundertfünfundfünfzig Kilometer, dass es ihm den Atem verschlug.
Wenn sie dann aus dem Wagen stiegen, hatte sie ihre Funkmuscheln im Ohr. 160
Stille. Nur das leise Wehen des Windes.
„Mildred." Er drehte sich im Bett um.
Dann langte er hinüber und zog ihr eines der winzigen musikalischen Insekten aus dem Ohr. „Mildred, Mildred?" 165
„Ja." Wie von weither.
Er hatte das Gefühl, eine der Gestalten zu sein, die sich elektronisch zwischen den Scheiben der Tonfarbwände bewegten; er sprach, aber ohne dass seine Worte die Schranke aus Glas 170 durchbrachen. So konnte er es nur noch mit stummem Spiel versuchen, in der Hoffnung, sie werde sich nach ihm umdrehen und ihn sehen. Berühren konnten sie sich durch die Glaswand nicht. 175

## ARBEITSANREGUNGEN

Die folgenden Arbeitsanregungen können Sie am besten in Gruppen von vier bis acht Personen nutzen.

1. **Randnotizen**

Kopieren Sie den Text nach einer gründlichen Lektüre für jede Gruppe einmal als Verkleinerung. Setzen Sie sich am besten zu viert um einen kleinen Tisch herum. Kleben Sie den verkleinerten Text dann auf einen DIN-A3-Bogen. Zusätzlich benötigt jeder noch seine Lektüre, um nachschlagen zu können.

a) Jeder kann nun auf dem DIN-A3-Bogen über den Rand des Textes hinausschreiben und einen Gedanken entwickeln. Schreiben Sie eine Überlegung auf, die Ihnen bei der Lektüre des Textes durch den Kopf gegangen ist. Binden Sie Ihre Überlegung mit einer Linie an die entsprechende Stelle im Text an.

b) Nach einiger Zeit (z. B. nach fünf Minuten) wird der DIN-A3-Bogen um eine Vierteldrehung im Uhrzeigersinn bewegt. Man kann nun

- die Notizen des Vorgängers/der Vorgängerin ergänzen;
- den Ausführungen widersprechen;
- einen zusätzlichen gedanklichen Ansatz entwickeln.

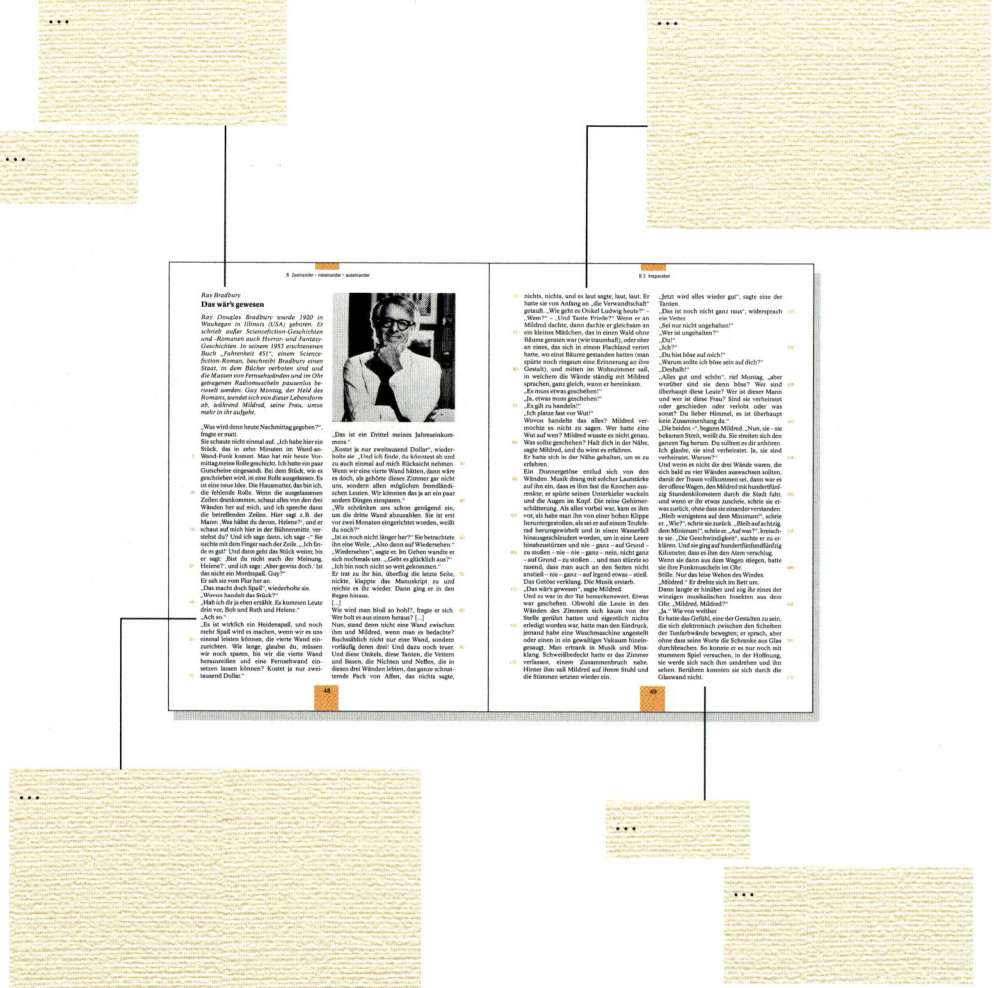

Die Notizen werden anschließend in der Gruppe besprochen.

## 2. Ortswechsel als Zettellawine

Entwerfen Sie eine parallele Szene in einem deutschen Wohnzimmer.

**Die Situation:** Ein Mädchen/ein Junge verfolgt eine so genannte Soapopera (Nachmittagsserie) oder sieht die Übertragung eines Autorennens im Fernsehen. Der Freund/die Freundin versucht, mit dem Zuschauer/der Zuschauerin ins Gespräch zu kommen.

a) In Gruppen von ca. sechs bis acht Personen schreibt jeder einen ersten Satz für einen solchen Szenenwechsel, und zwar innerhalb von zwei Minuten. Dann werden alle Blätter im Uhrzeigersinn an die nächsten weitergegeben. Jetzt hat jeder drei Minuten Zeit, sich in den vorgefundenen Satz genau hineinzudenken und einige Ergänzungssätze hinzuzufügen. Nach dieser Zeit gibt man – auch wenn man sich mitten im Satz befindet – das Blatt im Uhrzeigersinn weiter. Auch mit dem neuen Textanfang soll man sich wieder genauestens vertraut machen und nun innerhalb von fünf Minuten weitere Sätze hinzufügen. Die Lawine geht – mit wachsenden Zeitabständen – noch insgesamt etwa eine halbe Stunde weiter. Die entstandene Geschichte muss dann nicht unbedingt beendet sein.

b) Die Erzählungen werden in der Gruppe vorgelesen und diskutiert. Anschließend kann jeder einen der Texte auswählen und eine revidierte Fassung schreiben bzw. die Geschichte zu Ende führen. Weitere Arbeitshilfen finden Sie in Kapitel C, ▷ Texte verbessern – Texte veröffentlichen, Seite 52 ff.

## 3. Ortswechsel als Klopfwörtertext

Dieselbe aktualisierende Parallel-Erzählung können Sie auch mit der ▷ Klopfwörter-Fortsetzung, Seite 20, vorbereiten: Zu der vorgegebenen Situation (s. o.), die erzählerisch umgesetzt werden soll, erhält in einer Gruppe von sechs Personen jeder Einzelne nach und nach von den anderen fünf Stichworte diktiert.

Dazu schließen alle außer demjenigen, der die Stichworte erhalten soll, die Augen. Die „Blinden" konzentrieren sich etwa eine halbe Minute lang auf die angegebene Situation und den „Film", der vor ihrem „inneren Auge" vorbeizulaufen beginnt. Schließlich klopft derjenige, der die Augen offen gehalten hat, auf den Tisch. Die „Blinden" halten einen Eindruck aus ihrem „Film" in einem Wort fest. Die Wörter werden dem Klopfer nacheinander diktiert. Reihum wird so jeder mit fünf Wörtern versorgt.

Anschließend schreibt jeder innerhalb von 20 Minuten einen erzählenden Text, in dem jeweils die notierten fünf Wörter vorkommen müssen.

## 4. Rückwärtsgeschichte

Die hier dargestellte Ehefrau lebt ab sofort nicht mehr in die Zukunft hinein, sondern rückwärts.

a) In der Gruppe überlegen Sie zunächst zusammen, wie die Ehefrau sich wohl in früheren Phasen ihres Lebens einmal verhalten haben könnte. Dabei kann es um die bisherigen Ehejahre gehen, dann aber auch um ihre Jugend und ihre Kindheit. Diese Phasen durchlebt die Frau nun im Rückwärtsgang noch einmal.

b) Schreiben Sie arbeitsteilig ein paar Episoden aus ihrem Rückwärtsleben. In der letzten Episode stirbt die Frau mit ihrer Geburt.

## 5. Prioritätenliste

Stellen Sie eine Liste von Verhaltensweisen auf, die Ehemann und Ehefrau in dieser Geschichte voneinander erwarten, und ordnen Sie diese Verhaltensweisen nach Wichtigkeit. Versuchen Sie dabei genau die Sichtweise der beiden Figuren zu treffen. Führen Sie die folgenden Satzanfänge fort:

| Mein Mann soll | Meine Frau soll |
| --- | --- |
| ... | ... |

# C Texte verbessern – Texte veröffentlichen

## 1 Projektziel: Texte präsentieren

In der Informationsgesellschaft kann man nicht früh genug trainieren, eigene Texte öffentlich zu präsentieren. Dieses Kapitel gibt Ihnen Tipps, wie Texte sicher zu beurteilen sind und wie Sie ihnen vor einer Präsentation den letzten Schliff geben können. Kreative Texte, die Sie in Anlehnung an Erzählungen dieses Bandes geschrieben haben, oder auch analytische Texte können Sie auf verschiedene Weisen veröffentlichen:

- **Homepage der Schule**
  Vielleicht können Sie über die Homepage der Schule eine Präsentationsmöglichkeit für Ihre Texte einrichten oder einen bereits vorhandenen Link zu einem Mainscreen nutzen, um Texte zugänglich zu machen.

- **Internet-Veröffentlichung**
  Im Internet gibt es inzwischen eine Fülle von Möglichkeiten, am Austausch von Texten teilzunehmen. Viele Angebote stammen von Schülerinnen und Schülern (z. B. *www.young.de* oder *www.referate.heim.at*). Daneben gibt es auch Metasuchmaschinen für Schülertexte (z. B. *www.schuelerweb.de*); da sich das Web stetig verändert, können sich auch Adressen ändern oder neue Sites erscheinen). Sie können solche Sites nutzen, um eigene Texte im Internet zugänglich zu machen und um die Texte anderer zu lesen.

- **Magazin**
  Mit dem Computer können Sie eine Druckversion Ihrer Texte herstellen und eine ganze Reihe von ihnen zu einem Magazin zusammenfügen. Kopierte oder gedruckte Exemplare Ihres Magazins können Sie in der Schule – und darüber hinaus in der lokalen Öffentlichkeit – verteilen oder zum Kauf anbieten.

- **Literaturcafé**
  Kreativ geschriebene eigene Texte können – evtl. zusammen mit Präsentationen aus Musik- und Kunstkursen – in einem größeren Raum der Schule im Rahmen eines „Cafés" vorgetragen werden. Dazu eignet sich besonders eine Abendveranstaltung (z. B. von 19 bis 22 Uhr). Texte werden – bei Verdunklung des Raums – von einem Tisch mit Leselampe aus in Blocks vorgelesen; dazwischen gibt es Pausen, um dem Kommunikationsbedürfnis des Publikums entgegenzukommen und um Getränke und Gebäck anzubieten.

# 2  Auf Texte reagieren

Beim Schreiben von Texten halten Sie sich manchmal an eine Reihe vorgegebener Regeln. Oft müssen Sie aber auch viele Entscheidungen zur Gestaltung des Textes selbst treffen. Je mehr Sie mit Ihrem Text *riskiert* haben, desto schwerer fällt es, das Geschriebene *öffentlich vorzutragen* und in größeren Gruppen zu besprechen. Nutzen Sie die folgenden Möglichkeiten, um beim öffentlichen Vortrag und beim Sprechen über Texte in Gruppen ein *unterstützendes Klima* zu schaffen.

## ARBEITSANREGUNGEN

1. **Ein-Satz-Resonanz**
   a) Hören Sie genau zu, wenn ein Mitschüler/eine Mitschülerin einen eigenen Text vorliest.
   b) Notieren Sie während des Vorlesens einen einzigen Satz oder eine Formulierung, die Ihnen besonders gelungen erscheint. Wenn Sie im weiteren Fortgang des Vorlesens eine noch interessantere Formulierung hören, notieren Sie auch diese.
   c) Nachdem der Mitschüler/die Mitschülerin den Text zu Ende gelesen hat, tragen alle Zuhörerinnen und Zuhörer die von ihnen notierten „allerbesten Sätze"/„allerbesten Formulierungen" vor. Der Verfasser/die Verfasserin erfährt so, wo sein/ihr Text besonders aussagekräftig ist.
2. **Anwalt des Textes**
   a) Bereiten Sie sich darauf vor, den Text eines Mitschülers/einer Mitschülerin „anwaltlich" zu vertreten. Überlegen Sie sich während des Vorlesens, wie man die vom Verfasser/von der Verfasserin getroffenen Entscheidungen inhaltlicher und gestalterischer Art hervorheben und begründen könnte.
   b) Diskutieren Sie als Anwalt des Textes mit dem gesamten Kurs über den vorgelesenen Text. Der Verfasser/die Verfasserin hört in dieser Zeit schweigend zu. Erst zum Schluss kann er/sie kurz dazu Stellung nehmen, wie die Textbesprechung ihrer/seiner Meinung nach verlaufen ist und welche Überlegungen zum Text ihn/sie besonders überzeugt haben.

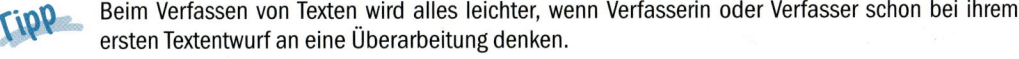

   **Tipp** Beim Verfassen von Texten wird alles leichter, wenn Verfasserin oder Verfasser schon bei ihrem ersten Textentwurf an eine Überarbeitung denken.

   c) Welche zusätzliche Option könnte der Verfasser/die Verfasserin wählen, um den Text noch aussagekräftiger zu machen?
   Geben Sie schriftlich einige Hinweise.

Falls Sie einen erzählenden Text prüfen, können Sie dabei evtl. auch das ▷ Struktur-Profil in der rechten Umschlagklappe nutzen.

# 3  Texte wahrnehmen

Texte, die Sie veröffentlichen wollen, sollten Sie mit Hilfe anderer Kursmitglieder überprüfen, bevor Sie Ihre Produkte aus der Hand geben und außerhalb des Kurses zugänglich machen. Dabei geht es sowohl um eine inhaltliche als auch um eine sprachliche Kontrolle. Damit Ihnen Verbesserungs*möglichkeiten* überhaupt *auffallen*, sollten Sie zunächst trainieren, Texte kritisch-distanziert zu lesen. Die folgenden Anregungen versorgen Sie mit Ideen, wie eine Textüberarbeitung auf interessante und effektive Weise vorbereitet werden kann.

## ARBEITSANREGUNGEN

1. **Lektorenrolle**
   Prüfen Sie den Text eines Mitschülers/einer Mitschülerin. Versetzen Sie sich dazu in die Rolle eines Lektors, der in einem Verlag Argumente dafür finden muss, diesen Text zu veröffentlichen. Der Verleger erwartet einen Vorschlag von Ihnen.

a) Notieren Sie sich zunächst in aller Ruhe ein paar **Fragen**, die Ihnen **zum Thema des Textes** persönlich wichtig erscheinen. Mit diesen Überlegungen versetzen Sie sich in eine kritische Lesehaltung.

b) Lesen Sie jetzt den Text noch einmal aufmerksam durch. Wie geht er auf Ihre Fragen ein? Wo setzt er besondere Schwerpunkte? Auf welche Ihrer Fragen geht der Text nicht oder kaum ein? Finden Sie die gewählten Schwerpunktsetzungen überzeugend?

c) Notieren Sie unter dem Text ganz kurz, inwiefern der Text Ihrer Meinung nach das gewählte Thema auf interessante Weise ausgestaltet.

2. **Entscheidungsbaukasten**

Treffen Sie eine Entscheidung, ob der Text insgesamt publikationsreif ist bzw. ob er eher nicht veröffentlicht werden sollte. Bei Ihren Überlegungen können Sie den ▷ Entscheidungsbaukasten nutzen (vgl. Seite 55).

a) Prüfen Sie, welche Optionen der Verfasser/die Verfasserin gewählt und welche er/sie verworfen hat.

b) Notieren Sie die gewählten Optionen unter dem Text und bewerten Sie die Entscheidungen mit einem Plus oder Minus.

c) Welche Option ist besonders interessant umgesetzt worden? Machen Sie eine entsprechende Notiz.

d) Sind die getroffenen Entscheidungen aufeinander abgestimmt oder gibt es Unstimmigkeiten? Notieren Sie kurz.

WIR HABEN NOCH ETWAS ÜBRIG GELASSEN.

# INFOBLOCK

## ENTSCHEIDUNGSBAUKASTEN

### ENTSCHEIDUNGEN, DIE EIN AUTOR/EINE AUTORIN TREFFEN MUSS:

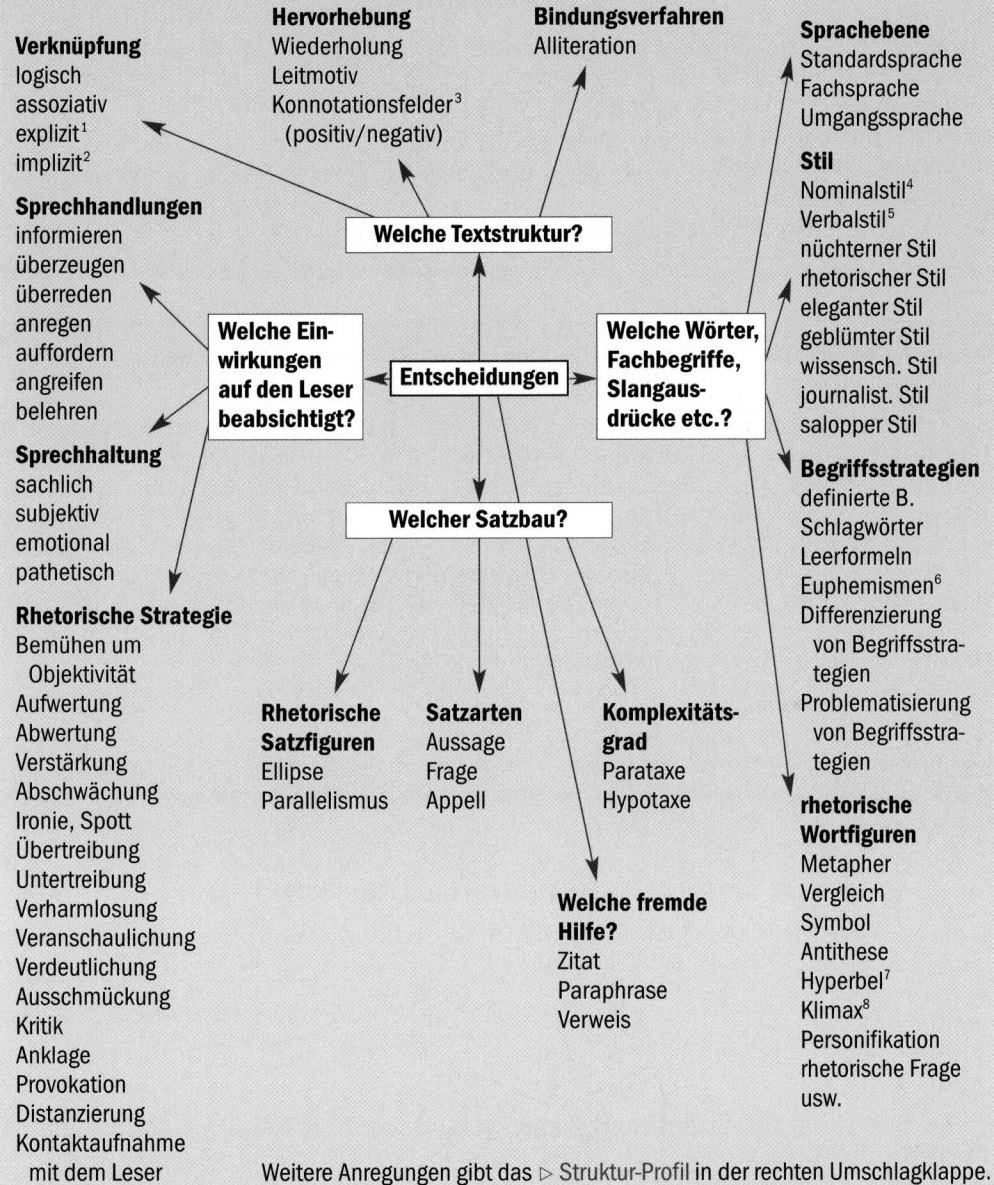

**Verknüpfung**
logisch
assoziativ
explizit[1]
implizit[2]

**Hervorhebung**
Wiederholung
Leitmotiv
Konnotationsfelder[3]
(positiv/negativ)

**Bindungsverfahren**
Alliteration

**Sprachebene**
Standardsprache
Fachsprache
Umgangssprache

**Stil**
Nominalstil[4]
Verbalstil[5]
nüchterner Stil
rhetorischer Stil
eleganter Stil
geblümter Stil
wissensch. Stil
journalist. Stil
salopper Stil

**Sprechhandlungen**
informieren
überzeugen
überreden
anregen
auffordern
angreifen
belehren

**Sprechhaltung**
sachlich
subjektiv
emotional
pathetisch

**Welche Textstruktur?**

**Welche Ein-
wirkungen
auf den Leser
beabsichtigt?**

**Entscheidungen**

**Welche Wörter,
Fachbegriffe,
Slangaus-
drücke etc.?**

**Welcher Satzbau?**

**Begriffsstrategien**
definierte B.
Schlagwörter
Leerformeln
Euphemismen[6]
Differenzierung
von Begriffsstra-
tegien
Problematisierung
von Begriffsstra-
tegien

**Rhetorische Strategie**
Bemühen um
  Objektivität
Aufwertung
Abwertung
Verstärkung
Abschwächung
Ironie, Spott
Übertreibung
Untertreibung
Verharmlosung
Veranschaulichung
Verdeutlichung
Ausschmückung
Kritik
Anklage
Provokation
Distanzierung
Kontaktaufnahme
  mit dem Leser

**Rhetorische
Satzfiguren**
Ellipse
Parallelismus

**Satzarten**
Aussage
Frage
Appell

**Komplexitäts-
grad**
Parataxe
Hypotaxe

**Welche fremde
Hilfe?**
Zitat
Paraphrase
Verweis

**rhetorische
Wortfiguren**
Metapher
Vergleich
Symbol
Antithese
Hyperbel[7]
Klimax[8]
Personifikation
rhetorische Frage
usw.

Weitere Anregungen gibt das ▷ Struktur-Profil in der rechten Umschlagklappe.

1 **explizit:** ausdrücklich
2 **implizit:** mitgemeint, aber nicht direkt gesagt
3 **Konnotationsfelder:** Wortgruppen, die beim Leser
  eine bestimmte Zuschreibung, z. B. eine wertende
  Reaktion, hervorrufen
4 **Nominalstil:** von auffällig vielen Nomen (Substantiven etc.)
  geprägter Stil, wirkt oft steif und bürokratisch

5 **Verbalstil:** von auffällig vielen Verben geprägter Stil, wirkt lebendig
6 **Euphemismus:** beschönigende Redeweise
7 **Hyperbel:** starke Übertreibung
8 **Klimax:** Steigerung

# 4 Texte überarbeiten

Es ist unerlässlich, Texte vor einer Veröffentlichung noch einmal kritisch zu überarbeiten. Meist ist es ganz hilfreich, dies mit ein wenig zeitlichem Abstand zu tun.

## 4.1 Schreibkonferenz

Nutzen Sie Schreibkonferenzen regelmäßig, um Ihre eigenen Schreibfähigkeiten stetig zu verbessern. Unterziehen Sie Produkte des kreativen Schreibens, aber auch Hausaufgaben- oder Klausurtexte (Interpretationsaufsätze etc.) in solchen Konferenzen einer Revision. Legen Sie für Schreibkonferenzen stets einige Hilfsmittel bereit:

- Rechtschreibwörterbuch
- Stilwörterbuch
- evtl. Liste mit Fachbegriffen
- evtl. ▷ persönliche Fehlerkartei (Seite 62).

Verfahren Sie dabei folgendermaßen:

1. Je drei bis fünf Kursmitglieder setzen sich in einer Schreibkonferenz zusammen. Diese überarbeitet nacheinander einige Texte. Jede/r stellt einen Text zur Verfügung.
2. Ein Verfahrensvorschlag zur Überarbeitung ist die **Manuskriptlawine**:

   Die Texte werden zunächst reihum in Stillarbeit bearbeitet. Jeder hat eine vorher vereinbarte Anzahl von Minuten (z. B. 20 Minuten) lang Zeit, um den Text zu lesen und einen Abschnitt zu bearbeiten. Verbesserungsvorschläge werden an den Rand des Originals oder auf ein Begleitblatt geschrieben. Nutzen Sie dabei die nachfolgend vorgestellten Operationen zur Textüberarbeitung und die Hinweise von Seite 17, ▷ Texte gedanklich verarbeiten. Nach der vereinbarten Zeit werden alle Texte im Uhrzeigersinn weitergegeben. Jeder liest nun wieder den erhaltenen Text und verfährt mit ihm wie mit dem ersten. Wenn die Textlawine einmal die Runde gemacht hat, ist eine gute Basis für ein späteres Gespräch gelegt. Außerdem sind bereits viele Verbesserungsvorschläge auf dem Tisch.

3. In der Konferenz kann jeder einige der von den anderen Gruppenmitgliedern vorgeschlagenen Textänderungen noch einmal zur Diskussion stellen.
4. Schließlich schreibt jeder aufgrund der in der Gruppe entstandenen Vorschläge eine revidierte Fassung seines Textes. (Die neue Textfassung kann auch am PC hergestellt werden, wenn der Ausgangstext bereits erfasst ist.)

## 4.2 Operationen zur Textüberarbeitung

1. Prüfen Sie jeden Text, der überarbeitet werden soll, und entscheiden Sie, welche der folgenden Operationen angewendet werden sollen:
   - Ausbauen
   - Kürzen
   - Umstellen
   - Ersetzen

   In dieser Phase Ihrer Textüberarbeitung können Sie evtl. auch auf Prüfungsergebnisse zurückgreifen, die Sie mit dem ▷ Entscheidungsbaukasten auf Seite 55, gewonnen haben.

2. Um eine **Ausgestaltung** vorzuschlagen, können Sie außerdem folgende Hilfsmittel nutzen:
   Für eigene erzählende Texte:
   ▷ Struktur-Profil rechte Umschlagklappe
   ▷ Charakter-Profil (Seite 30 ff.)
   ▷ Rhetorik-Tabelle (Seite 21 f.)
   Für analytische Texte:
   ▷ Einen Interpretationsaufsatz bewältigen, linke Umschlagklappe

mal genau erinnern, wie sie aussah, aber nun wollte er mit

ihr reden und es reizte ihn, dass sie durch ihr spätes

Kommen auch noch in den Abschluss ~~seine~~ dieses Tages

Unruhe und Unordnung brachte. ~~Es fiel~~ Sie war auch

5 schuld daran, dass er heute nicht zu abend gegessen

und dass er den für heute beabsichtigten Besuch bei

Elsa

~~Betta~~ unterlassen hatte. Beides konnte er allerdings

    dadurch        lokal

10 noch nachholen, ~~in dem~~ [wenn]dass er jetzt in d[ie]as Weinstube

ging, in der ~~Betta~~ bedienstet war. Er wollte es auch

noch später nach der Unterredung mit Frl B. tun.

15 Es war 1/2 12 vorüber, als jemand im

             wieder

Treppenhaus zu hören war, K., der ~~noch~~ im Vorzimmer

      seinen Gedanken  in

war und ~~noch~~ ganz ~~dem Rauchen~~ hingegeben nach

alter Gewohnheit [mi]nach je[d]em Zug die Zigarre

        gewaltsam

20 von der ~~an~~ weit vorgest[ü]lpten Lippen losriss, ~~flüchtete~~

flüchtete~~;~~ [~~wo~~]~~von~~ ~~dort durch das Schlüsselloch das~~ Durch

~~in sein Zimmer und ich durchs Schlüsselloch~~. musste

sich erst ein W[e]lchen besinnen, ehe er sich in sein Zimmer

             gekommen war

das Schlüsselloch sah er, dass noch nicht das Fr. B. sondern

25 ~~und~~

vor der alte Hauptmann, der älteste

Es war 1/2 12 vorüber, als jemand im

Treppenhaus zu hören war. K. der ~~in~~ seinen Gedanken

             Zimmer

30 hingegeben im Vorzimmer so als wäre es sein eigenes

[r]laut auf und ab gieng, flüchtete hinter seine Tür.

Es war Frl. B. die gekommen war. Fröstelnd zog sie,

während sie die Tür versperrte, einen seidenen Shawl um

ihre schmalen Schultern zusammen. Im nächsten Augenblick

7 E[lsa] ‹Bleistift›
8 Bett[a] ‹Streichung mit Bleistift; Brod›
11 Bett[a] ‹Streichung mit Bleistift; Brod›
32 flüchtete] ‹Ansatz zu› flüchtetet

*Manuskriptseite aus Kafka, Der Prozess (1914). Franz Kafka hat diesen Roman nie vollendet, er hat die Texte immer wieder überarbeitet.*

3. Bei **Kürzungsvorschlägen** sollte die Frage im Vordergrund stehen, ob durch Herausnahme einzelner Elemente die Aussage eines Textes evtl. noch interessanter wird. So zeichnen sich etwa Kurzgeschichten ja oft dadurch aus, dass sie mit möglichst wenigen Worten viel aussagen, und das oft nur in andeutender Weise. Auch analytische Texte (Interpretationsaufsätze etc.) können durch Wegkürzen von Wiederholungen prägnanter werden.

4. **Umstellungen** von Textteilen oder von Satzteilen können dazu beitragen, einen Text klarer zu strukturieren.

5. Wenn Sie für Ihre Textüberarbeitung den Modus „**Ersetzen**" wählen, können Sie die nachfolgend vorgestellten Ersatzproben durchführen.

## Ersatzproben

In der Schreibkonferenz stehen im Regelfall einige Hilfsmittel bereit, siehe Seite 56. Außerdem sind die Materialien auf den folgenden Seiten wichtig.

1. Ersetzen Sie falsch geschriebene Wörter mit Hilfe eines „Wörterbuches zur deutschen Rechtschreibung" oder eines PC-Rechtschreibprogramms durch korrekt geschriebene Wörter.

2. Versuchen Sie, Rechtschreibfehlern mit Hilfe von Symbol-Checks auf die Spur kommen:

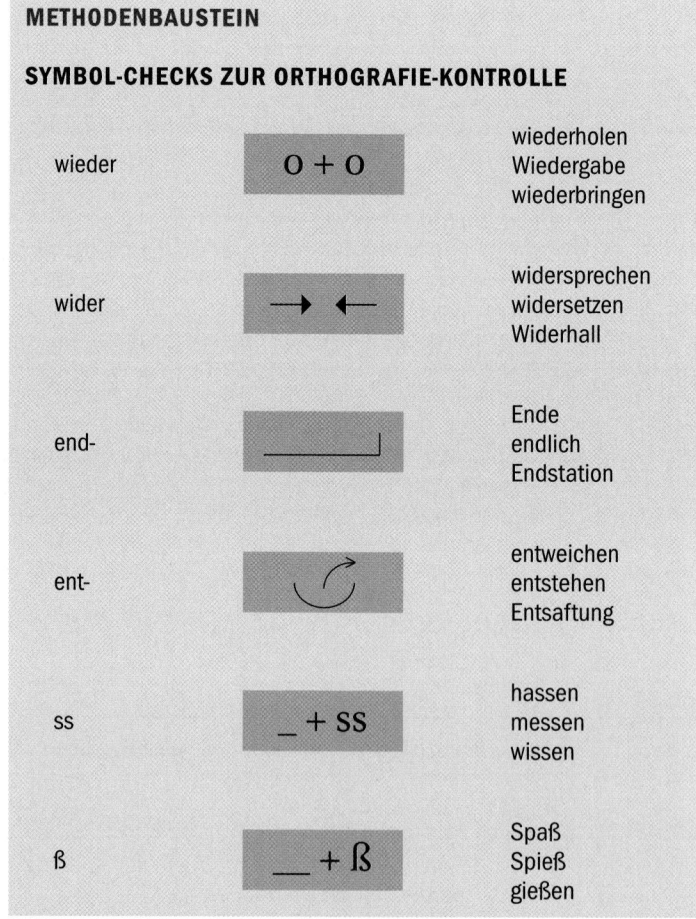

**METHODENBAUSTEIN**

**SYMBOL-CHECKS ZUR ORTHOGRAFIE-KONTROLLE**

| | | |
|---|---|---|
| wieder | O + O | wiederholen Wiedergabe wiederbringen |
| wider | → ← | widersprechen widersetzen Widerhall |
| end- | | Ende endlich Endstation |
| ent- | | entweichen entstehen Entsaftung |
| ss | _ + SS | hassen messen wissen |
| ß | _ + ß | Spaß Spieß gießen |

Sie können weitere Symbolpaare dieser Art entwerfen, um Ihre Orthografiekontrolle visuell zu stützen.

3. Schlagen Sie zu einigen unpassenden Wörtern mit Hilfe eines Stilwörterbuchs Alternativen vor. In analytischen Texten wird ein gehobener bzw. bildungssprachlicher **Sprachstil** verlangt. In Texten des kreativen Sehreibens können im Prinzip alle Sprachstile vorkommen. Sie sollten jedoch auf die Textaussage abgestimmt sein. Nutzen Sie für Ihre Überprüfung das folgende „Haus der Stile":

**INFOBLOCK**

## „Haus der Stile"

| | |
|---|---|
| **dichterisch:** | sehr gewählt, bisweilen feierlich wirkende, oft bildhafte Ausdrucksweise;<br>Beispiele: Odem (für Atem), Lenz (für Frühling), Himmelsleuchten (für Sterne.) |
| **bildungssprachlich:** | gebildete, gewisse Kenntnisse voraussetzende Ausdrucksweise;<br>Beispiele: konnotieren, assoziieren |
| **gehoben:** | gepflegt wirkende, in Alltagsgesprächen oft überheblich klingende Ausdrucksweise;<br>Beispiele: wandeln (für spazieren gehen), jemandem etwas verhehlen (jemandem nicht alles sagen) |
| **amtssprachlich:** | unpersönlich wirkende, steif-offizielle Ausdrucksweise;<br>Beispiele: Indienststellung (für Einstellung), Verausgabung (Ausgabe) |
| **normalsprachlich:** | allgemein verwendete Ausdrucksweise, die in den meisten Kommunikationssituationen am wenigsten auffällt;<br>Beispiele: gehen, sich die Nase putzen |
| **umgangssprachlich:** | locker wirkende, in informellen Alltagsgesprächen verwendete Ausdrucksweise, die in Gesprächssituationen mit offiziellem Charakter bereits unangemessen wirkt;<br>Beispiele: motzen (für schimpfen), etwas mit jemandem haben (mit jemandem befreundet sein) |
| **salopp:** | stark emotional gefärbte, metaphernreiche Stilschicht des Alltags, die in vielen Gesprächssituationen nicht mehr verwendbar ist;<br>Beispiele: sich kloppen (für sich zanken), Zaster, Schotter, Kröten (für Geld) |
| **jargonhaft:** | umgangssprachliche Ausdrucksweise, die an eine bestimmte soziale oder eine Altersgruppe gebunden ist (z. B. Jugendsprache);<br>Beispiel: supergeil (für sehr gut) |
| **derb/vulgär:** | drastische und grob wirkende Ausdrucksweise, die von sehr vielen Gesprächspartnern für unangemessen gehalten wird;<br>Beispiele: bescheißen (für betrügen), Visage (für Gesicht). |

4. Notieren Sie zu einigen Wörtern mit Hilfe des Thesaurus (Bestandteil vieler Software-Programme) **Alternativen**.

Sie können diese Alternativen auch in Form einer In- und Out-Liste sammeln.

---

**METHODENBAUSTEIN**

**IN – OUT – LISTE**

Die folgenden Angaben gelten nur für geschriebene Texte in Aufsatzform, nicht aber für gesprochene Sprache oder bestimmte Stilschichten in Texten des kreativen Schreibens.

| Statt | besser |
|---|---|
| runter (gehen) | hinunter (gehen)<br>herunter (gehen) |
| rauf (laufen) | hinauf (laufen)<br>herauf (laufen) |
| rum (laufen) | herum (laufen) |
| mal | einmal |
| die ganzen (Leute) | alle (Leute) |
| was für (Geld) | welches (Geld) |
| so (Personen) | solche (Personen) |
| wegen dem Unfall | wegen des Unfalls |
| (kenntnis) -mäßig | (kenntnis) -gemäß |
| kriegen | bekommen |
| was (erledigen) | etwas (erledigen) |
| vor (Liebe) | aus (Liebe) |
| hundert (Menschen) | einhundert (Menschen) |
| ... | ... |

---

5. In vielen Texten treten auch grammatische Probleme auf. Einige von Ihnen können Sie mit Hilfe von „Paar-Checks" gezielt verbessern:

---

**METHODENBAUSTEIN**

**PAAR-CHECKS ZUR KONTROLLE DER GRAMMATIK**

Finden Sie Sätze, in denen zwei auseinander liegende Satzteile grammatisch aneinander angepasst sein müssten, und überprüfen Sie, ob die Sätze grammatisch korrekt sind.

APPOSITION UND BEZUGSWORT
(in Genus, Numerus und Kasus jeweils identisch)

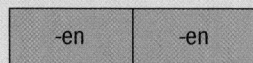

*Richtig:* Einem Jungen aus dem gleichen Vorort, einem Schwarzen, passierte etwas Ähnliches.
*Falsch:* Einem Jungen aus dem gleichen Vorort, ein Schwarzer, ...

DOPPELTES SUBJEKT UND PRÄDIKAT (im Plural!)

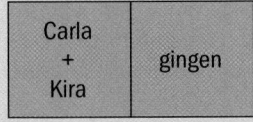

*Richtig: Carla und Kira,* die gerade über die Brücke *gingen,* waren beide in unserer Klasse.
*Falsch: Carla und Kira,* die gerade über die Brücke *ging,* ...

PERSONALPRONOMEN UND BEZUGSWORT IM VORHERGEHENDEN SATZ
(gleicher Numerus und gleiches Genus)

| Das Kind | Es |
|---|---|

*Richtig: Das Kind* spielte oft Fußball. *Es* sprach ...
*Falsch: Das Kind* spielte oft Fußball. *Er* sprach ...

6. In analytischen Texten (Interpretationsaufsätzen etc.) müssen oft Sätze mit fehlerhaften
   Zitaten ersetzt werden. Nutzen Sie dazu das folgende Verfahren:

**METHODENBAUSTEIN**

**ZITATE-SCHERE**

Das Zitierverfahren ist oft deswegen unbefriedigend, weil sich um das Zitat herum kein vollständiger
Satz ergibt. Sie können den folgenden Ablauf wählen, um zielsicher zu akzeptablen Sätzen zu kommen.

Das Zitat muss *wort- und buchstabengetreu* aus dem Bezugstext ausgeschnitten werden.

*Beispiel:* ... Zuerst war sie /so breit /, dass ich / Angst / hatte ...

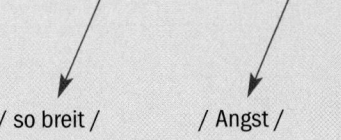

/ so breit /       / Angst /

Um das Zitat oder die Zitate herum muss ein *sinnvoller und vollständiger Satz* aufgebaut werden.
Am Ende des Satzes wird angegeben, welchen Zeilen bzw. welcher Seite das Zitat entnommen wurde.

*Beispiel:* Zunächst, so sagt die Maus, sei die Welt „so breit" gewesen, dass sie „Angst" gehabt habe
        (Zeile 3 f.). (Die Angaben beziehen sich auf Kafkas „Kleine Fabel" auf Seite 10).

# Persönliche Fehlerkartei

1. Legen Sie eine persönliche Fehlerkartei an. Ermitteln Sie Fehler(bereiche), die in Ihren Texten öfter auftreten und z. B. in Klausuren angestrichen werden. Beschriften Sie Karteikarten mit Überschriften, die diese Fehlerbereiche erfassen. Notieren Sie dann auf jeder Karteikarte Beispiele und Regeln.

2. Legen Sie beim Schreiben eines Textes jeweils eine der Karteikarten neben Ihr Schreibblatt und prüfen Sie in Denkpausen, ob Sie den Fehler in dem bisher Geschriebenen vermieden haben.

3. Stellen Sie die persönliche Fehlerkartei in Schreibkonferenzen einem anderen zur Verfügung, damit er in einem von Ihnen verfassten Text gezielt nach Fehlern suchen kann.

# Index: Methoden des kreativen Schreibtrainings

# Textquellenverzeichnis

**Bradbury, Ray (*1920):** Das wär's gewesen; S. 48 f. Aus ders.: Fahrenheit 451. Diogenes Verlag, Zürich 1981, S. 29 f. und 53–55

**Calvino, Italo (1923–1985):** Arbeiterehe; S. 39 ff. Aus ders.: Die Überfallene Konditorei. Einaudi-Verlag, Turin 1960. (Copyright der dt. Übersetzung: Nymphenburger Verlagsanstalt; zit. nach: von Canitz/Heidtmann: Seit wir beieinander sind, Signal Verlag, Baden-Baden 1983, S. 184–187)

**Hein, Christoph (*1944):** Spaziergänge; S. 22 ff. Aus ders.: Von allem Anfang an, Berlin 1997, S. 147–158

**Hohler, Franz (*1943):** Die drei Beobachter; S. 14. Aus ders.: Ein eigenartiger Tag. Lesebuch, Luchterhand Verlag, Darmstadt 1983, S. 63 f.

**Jenny, Zoë (1974):** Mann im Kino; S. 18. Aus dies.: Das Blütenstaubzimmer. Roman, Frankfurter Verlagsanstalt, Frankfurt/Main 1997, zit. nach der Taschenbuchausgabe bei btb, München 1999, S. 60–62

**Hensel, Kerstin (*1961):** Lämmerdeern; S. 33 f. Aus: Berliner LeseZeichen. Literaturzeitung 8/96, S. 92–93

**Kafka, Franz (1883–1924):** Kleine Fabel; S. 10. Aus ders.: Sämtliche Erzählungen. Hrsg. von Paul Raabe, S. Fischer Verlag, Frankfurt/M. 1969, S. 320

Transkription der Seite aus: Der Prozess (1914); S. 57. Aus: Der Process. Historisch-Kritische Ausgabe sämtlicher Handschriften, Drucke und Typoskripte. Hrsg. von Roland Reuß in Zusammenarbeit mit Peter Staengle. Stroemfeld/Roter Stern, Frankfurt/M. S. 77

**Kluge, Alexander (*1932):** Ein Liebesversuch; S. 42 ff. Aus ders.: Lebensläufe. S. Fischer Verlag. Zit. nach von Canitz/Heidtmann: Seit wir beieinander sind, Signal Verlag, Baden-Baden 1983, S. 190–194

**Lebert, Benjamin (*1982):** Crazy; S. 4 f. Aus ders.: Crazy. Verlag Kiepenheuer & Witsch, Köln 1999, S. 9–11

**Rilke, Rainer Maria (1875–1926):** Leise Begleitung; S. 27 f. Aus ders.: Sämtliche Werke. Hrsg. vom Rilke-Archiv, Bd. 4, Frankfurt/M. 1961, S. 504–508

**Späth, Gerold (*1939):** Lebensläufe; S. 7 f. Aus ders.: Commedia. Reclam Verlag, Stuttgart 1984, S. 32–33, 34, 8–9

**Vanderbeke, Birgit (*1956):** Frau und Kinder verderben das Leben des Vaters; S. 45 f. Aus dies.: Das Muschelessen. Fischer Taschenbuch Verlag, Frankfurt/M. 1997, S. 36–38

**Wohmann, Gabriele (*1932):** Flitterwochen, dritter Tag; S. 35 f. Aus dies.: Ländliches Fest. Luchterhand Verlag, Neuwied und Darmstadt 1968

# Bildquellenverzeichnis

S. 3: Matthias Hütter © Cartoon Caricature Contor, München; S. 4: Sigi Hengstenberg, München; S. 5: © Claussen + Wöbke Filmproduktion; S. 7: Horst Tappe, ULLSTEIN; S. 9: Jörg Hilbert, © Cartoon Caricature Contor, München; S. 10: Archiv Klaus Wagenbach, Berlin; S. 12: Aus: „Kafka kurz und knapp". © 1993 by David Zane Mairowitz and Robert Crumb. Für die deutsche Übersetzung © 1995 by www.Zweitausendeins.de; S. 14: Christian Altdorfer, Zürich; S. 15, alle: Amelie Glienke, Berlin; S. 18: Mark Niedermann, Amsterdam; S. 20 u. S. 25: Spitzlicht Daniel Schmitt/René Rondholz; S. 25: Apa, Frankfurt/M.; S. 27: Worpsweder Verlag, Lilienthal; S. 33: Harald Kretschmer, Berlin; S. 35: Peter Peitsch, Hamburg; S. 39: Jerry Bauer, 1984; S. 43: Esch-Kenkel, ULLSTEIN; S. 45: © Brice Toul/Gamma/Studio X; S. 48: © V. Tony Hauser; S. 54: Oliver Weiss © Cartoon Caricature Contor, München; S. 57: Schiller Nationalmuseum und Deutsches Literaturarchiv, Marbach; S. 62: Renate Alf © Cartoon Caricature Contor, München

Redaktion: lüra – Klemt & Mues GbR, Wuppertal
Umschlaggestaltung: Knut Waisznor
Lay-out und technische Umsetzung: Stephan Ulsamer, Stürtz AG Berlin

 http://www.cornelsen.de

Dieses Werk berücksichtigt die Regeln der reformierten Rechtschreibung und Zeichensetzung. Bei den mit Ⓡ gekennzeichneten Texten haben die Rechteinhaber einer Anpassung widersprochen.

1. Auflage ✔ €    Druck 4 3 2 1    Jahr 03 02 01 2000

Alle Drucke dieser Auflage können im Unterricht nebeneinander verwendet werden.

© 2000 Cornelsen Verlag, Berlin

Druck: Saladruck, Berlin

ISBN 3-464-61800-5

Bestellnummer 618005

gedruckt auf säurefreiem Papier, umweltschonend hergestellt aus chlorfrei gebleichten Faserstoffen